北京市教委科技面上项目资助

运动免疫学

主　编　卜淑敏

北京体育大学出版社

策划编辑：李　飞
责任编辑：赵海宁
审稿编辑：李　飞
责任校对：郎　玥
版式设计：杨　俊

图书在版编目（CIP）数据

运动免疫学 / 卜淑敏主编. -- 北京 : 北京体育大学出版社, 2017.9
ISBN 978-7-5644-2738-2

Ⅰ. ①运… Ⅱ. ①卜… Ⅲ. ①运动医学－免疫学Ⅳ. ①G804.32

中国版本图书馆CIP数据核字(2017)第225952号

运动免疫学　　**卜淑敏　主编**

出　　版：北京体育大学出版社
地　　址：北京市海淀区信息路48号
邮　　编：100084
邮 购 部：北京体育大学出版社读者服务部 010-62989432
发 行 部：010-62989320
网　　址：http://cbs.bsu.edu.cn
印　　刷：北京京华虎彩印刷有限公司
开　　本：710×1000　　1/16
成品尺寸：240×170
印　　张：13.5
字　　数：226千字

2018年1月第1版第1次印刷
定　价：50.00元

前　言

运动免疫学是在免疫学的基础上发展起来的一门新的交叉学科，是一门专门探讨运动或运动训练对人体免疫机能影响的科学，是免疫学知识渗透到体育实践中的应用学科。本教材涵盖了当今运动免疫学大部分内容，所涉及的主要内容是目前体育院校运动人体科学专业和运动康复相关专业必须掌握的最常用的运动免疫学基础知识。教材力求反映21世纪免疫学及运动人体科学的现状和发展趋势，不仅要体现基础理论、基础知识，而且还要体现新学科的新思想、新内容、新知识、新特点，以求适合体育院校运动人体科学相关专业低年级本科生使用。

与免疫学相比，运动免疫学的发展还相当年轻和不完善，是一个需要人们广泛参与和探索的广阔领域。本课程力图让读者在了解免疫学基础知识的基础上，了解运动对人体免疫机能以及免疫学在体育训练中的应用。本教材整合免疫学和生命运动科学的基础知识点，共分11章。在每章结束部分设置了应用专栏，专栏中提到的问题与每章的学习要点密切相关，读者能从正文中找到相应的答案或原则性提示。全书有一些插图，在知识点及内容上尽可能与国际相关专业的教科书接轨。

本教材的编者水平有限，时间紧迫，难免存在疏漏和错误之处，敬请读者批评指正。

卜淑敏

2016年7月

目录 Contents

第一章　绪　论 …………………………………… 1

第一节　运动免疫学的发展简史及现状 ………… 3

第二节　运动、免疫与健康 ………………………… 3

第三节　免疫预防与疫苗 …………………………… 8

第二章　免疫系统 ………………………………… 12

第一节　免疫系统的组成 …………………………… 13

第二节　免疫系统的功能 …………………………… 24

第三节　运动对免疫功能的影响 ………………… 31

第三章　抗　原 …………………………………… 37

第一节　概　述 ……………………………………… 39

第二节　影响抗原免疫原性的因素 ……………… 39

第三节　抗原的特异性与交叉反应 ……………… 42

第四节　抗原的分类 ……………………………… 44

第五节　对人类重要的抗原 ……………………… 47

第四章　运动与免疫细胞 ………………………… 53

第一节　运动与固有免疫细胞 …………………… 54

第二节　运动与特异性免疫细胞 ………………… 62

第三节　运动与红细胞 …………………………… 66

第五章　运动与免疫球蛋白 …………………… 74
第一节　免疫球蛋白的结构和功能 ……………… 75
第二节　各类免疫球蛋白的生物学特性与功能 … 79
第三节　抗　体 …………………………………… 81
第四节　运动对免疫球蛋白（抗体）的影响 …… 84
第六章　运动与补体 ………………………………… 88
第一节　概　述 …………………………………… 89
第二节　补体系统的激活 ………………………… 90
第三节　补体的生物学功能 ……………………… 94
第四节　补体系统相关疾病 ……………………… 95
第五节　运动对补体系统的影响 ………………… 96
第七章　运动与细胞因子………………………… 98
第一节　细胞因子的分类 ………………………… 99
第二节　细胞因子的共同特点 …………………103
第三节　细胞因子的生物学功能　 ……………106
第四节　细胞因子与临床 ………………………108
第五节　运动对细胞因子的影响 ………………110
第八章　运动与免疫应答…………………………118
第一节　概　述 …………………………………119
第二节　运动与固有免疫应答 …………………122
第三节　运动与适应性免疫应答 ………………127
第四节　运动与细胞免疫应答 …………………131
第五节　运动与体液免疫应答 …………………135

第九章　运动与免疫调节……142
第一节　免疫应答各阶段的免疫调节……143
第二节　免疫分子的免疫调节……143
第三节　免疫细胞的免疫调节……145
第四节　神经–内分泌–免疫网络调节……147
第五节　运动与免疫抑制……152
第十章　营养素、运动与免疫……157
第一节　糖与运动免疫……158
第二节　脂肪与运动免疫……161
第三节　蛋白质与运动免疫……164
第四节　维生素与运动免疫……167
第五节　矿物质与运动免疫……172
第六节　水与运动免疫……176
第七节　膳食纤维素与运动免疫……179
第八节　平衡膳食……181
第九节　运动营养……183
第十一章　免疫学技术……187
第一节　免疫细胞的分离及检测技术……187
第二节　免疫球蛋白（抗体）检测技术……190
第三节　补体检测技术……194
第四节　细胞因子检测技术……199

第一章 绪 论

教学目标

了解运动免疫学的发展简史和主要研究内容，掌握运动、免疫和健康三者之间的内在联系。

相关概念

运动（Exercise）：是一种利用身体而又去完善身体的活动过程。

身体活动（Physical Activity）：是指任何由骨骼肌引起而产生能量消耗的躯体活动（Body Movement）。

身体活动形式（Physical Activity Methods）：参加身体活动的形式，具体包括：有氧训练、力量性训练、柔韧性训练、平衡训练。

持续时间（Duration Time）：指活动或锻炼的持续时间长度，一般以分钟表示。

频度（Frequentness）：指参加活动和或锻炼的次数，一般以每周的场、节、次数来表示。

强度（Intensity）：指进行某项活动或锻炼时所需要付出力量的大小。

活动总量（Total Activity）：有氧活动总量可以用活动强度、活动频度、每次活动持续时间以及该活动计划历时长度的综合度量来表示。这些变量的乘积可视为活动总量。

有氧身体活动（Aerobic Physical Activity）：又称耐力活动，可以增进心肺功能，如快走、跑步、骑车、跳绳和游泳等。

最大吸氧量（Maximal Oxygen Uptake）：单位体重单位时间内的吸氧量称为最大吸氧量，也称最大耗氧量（Maximal Oxygen Consumption）。它反映了机体吸入氧、运输氧和利用氧的能力，是评定人体有氧工作能力的重要指标之一。

免疫（Immunity）：是机体免疫系统识别"自己"和"非己"，对自身成分产生天然免疫耐受，对非己异物产生排除作用的一种生理反应。

固有免疫（Innate Immunity）：又称天然免疫（Natural Immunity）或非特异性免疫（Non-Specific Immunity），是先天就具有的一种免疫，无特异性，无个体差异。

获得性免疫（Acquired Immunity）：又称适应性免疫（Adaptive Immunity）或特异性免疫（Specific Immunity），是机体与抗原接触后建立的免疫，包括通过人工免疫预防接种活得的免疫。具有针对性，有明显的个体差异，分为细胞免疫和体液免疫。

人工免疫（Artificial Immunity）：就是有计划、有目的地给人体接种抗原或输注抗体或免疫细胞，使机体获得某种特异性抵抗力，从而达到预防和治疗某种疾病的方法。

菌苗（Vaccinum）：是用细菌制成的生物制品。它有两种：一种是将人工培养的致病菌用加热或化学药品杀死后制成的死菌苗，如伤寒菌苗、霍乱菌苗、百日咳菌苗等；另一种是将用人工方法获得的毒力减低或无毒的细菌制成的活菌苗，如卡介苗、布氏杆菌苗等。

疫苗（Vaccine）：是一种由病毒、立克次体或螺旋体经过人工培养后制成的制品，它与菌苗相似，也有死活之分。常用的流行性乙型脑炎疫苗是死疫苗；牛痘疫苗、麻诊疫苗、小儿麻痹糖丸疫苗则是活疫苗。

类毒素（Toxoid）：是把细菌所产生的外毒素用0.3%~0.4%甲醛处理以除去其毒性，但仍保留其免疫原性，这种除去毒性的外毒素即类毒素，如破伤风类毒素、白喉类毒素等。

抗毒素（Antitoxin）：是一种含有抗体的血清制品。是把类毒素给马注射，使其产生大量抗体，然后采取马血清，将其精制浓缩而成，如破伤风抗毒素，白喉抗毒素等。

健康（Wellness）：健康不仅是免于疾病和衰弱，而且是保持躯体、精神和社会诸方面的完美状态。

第一节 运动免疫学的发展简史及现状

运动免疫学是在免疫学的基础上发展起来的一门新的交叉学科，它是一门研究运动或运动训练对人体免疫机能影响的科学，是免疫学在体育实践中的应用。

运动与免疫关系的研究始于19世纪。1893年，德国学者首次报道了运动引起白细胞增多的现象。

但直到20世纪80年代，运动对免疫功能的影响才为多数学者所重视。

90年代以后，随着现代免疫学和分子生物学技术的不断发展，运动免疫学得到迅猛的发展。例如，从早期简单的观察和描述伴随运动发生的免疫参数的变化，发展到对免疫参数变化的机制以及如何有效地减弱运动性免疫抑制的研究。再如，运动免疫学实验对象的范围、涉及的运动项目也变得越来越广。

1993年，由16名国内外研究者成立了国际运动免疫学会，成为运动免疫学发展的重要里程碑。该学会致力于通过体育锻炼，提高大众健康、预防疾病和提高运动员运动能力等方面的研究工作，学会设定每两年举行一次学术会议。

与免疫学相比，运动免疫学的发展还相当年轻和不完善，是一个需要人们广泛参与和探索的广阔领域。

第二节 运动、免疫与健康

一、运 动

运动（Exercise）是一种利用身体而又去完善身体的活动过程。是指具有计划性、结构性、重复性、目的性的身体活动的集合。在运动医学的范畴内特指人体有特定目标的各种躯体活动。主要目的是为了提高体能。

身体活动（Physical Activity）是指任何由骨骼肌引起而产生能量消耗的躯体活动（Body Movement）。根据活动形式、强度和目的，身体活动有多种分类方法。根据肌肉收缩的形式，体力活动可分为静力性运动和动力性运动；根据运动供能的代谢方式，可分为有氧运动和无氧运动；根据日常生活来源的背景，可分为职业性体力活动、交通性体力活动、家务性体力活动和休闲性体力活动。

根据《美国运动医学杂志》发布的报告，运动对于人体的益处主要表现在：增进心血管和呼吸系统功能；减少冠状动脉疾病的危险；减少患病率和死亡率；降低焦虑水平和精神沮丧；增强自我健康感觉；保持并改善人体工作能力和运动成绩。

适当的体育运动能增强体质、预防疾病和增进健康。但是并非所有的人从事相同的运动都会得到同样好的效果。对于同一种运动负荷，运动员、一般健康者和不同程度的疾病患者对其产生的反应差异是很大的。即使同一个体，在不同的时期、不同的机能状态下，对同一运动负荷的反应和效果也不一样。因此，不同的个体应有适合其机能需要的不同的运动形式、强度、时间、频度或间隔、持续周期等。如何科学地从事体育锻炼，提高机体的免疫功能，达到强身健体的功效，是当今运动免疫学研究的重要课题。

运动量的大小取决于运动强度、运动时间和运动频度这三个因素。

（一）运动强度

运动强度是指运动者在单位时间内所做的功，即功率，可用w或kg·m/s表示。其检测指标为最大耗氧量和心率。心率同人体的耗氧量有密切关系，又同年龄有关。由于心率便于测定，因此更为实用。不同年龄人群在不同运动强度时的耗氧量同心率的关系见表1-1，女性可能会略低一些。根据此表，不同年龄的人可根据心率的变化掌握自己适当的运动强度。运动时最适宜的心率可用下列公式推算：运动时的最适宜的心率（b/min）=安静时的心率+（按年龄预计的最高心率-安静时的心率)×60%（或90%）。例如，20岁的青年，安静时心率为75b/min，预计最高心率为190b/min，运动时的最适宜心率=75+（190-75)×60%（或90%）=144（或178）b/min。对于体质较弱或有慢性病患者，可按以下公式计算：运动时的最适宜心率（b/min）=170-年龄。

表 1-1 不同年龄组的运动强度同耗氧量和心率的关系

运动强度	相当于最大吸氧量的%	不同年龄组的心率（b/min）				
		20~29岁	30~39岁	40~49岁	50~59岁	60岁以上
最大	100 90	190 175	185 170	175 165	165 155	155 145
较大	80 70	165 150	160 145	150 140	145 135	135 125
中等	60 50	140 125	135 120	130 115	125 110	120 110
较小	40	110	110	105	100	100

（二）运动时间

在一定运动强度条件下，运动时间越长则运动量越大。体格较强壮的人，可在短时间内做运动强度较大的锻炼；体质较弱或年龄较大的人，则适宜进行强度较小、时间较长的运动。运动量同运动时间与耗氧量的关系见表1-2。根据表1-1和表1-2，可以大致判断运动量的大小。例如，一位20岁的青年，其耗氧量为最大耗氧量的60%时，心率应为135b/min，这时的运动强度为中等，若运动时间为15min，属小运动量；同样的运动强度，持续30min，属中等运动量；若持续60min，则属大运动量。

表1-2 运动量同运动时间与耗氧量的关系

运动量	运动时间（min）				
	5	10	15	30	60
	最大吸氧量的百分比（%）				
小	70	65	60	50	40
中	80	75	70	60	50
大	90	85	80	70	60

（三）运动频度

运动频度是指运动的间隔，间隔时间越短，运动频度越大。在运动强度和运动时间不变时，运动频度越大则运动量越大。适当的运动频度，对于取得和巩固锻炼的效果是十分重要的。那种心血来潮地进行大运动强度的锻炼或一曝十寒的锻炼，都无助于身体健康，甚至可能有害。

二、免　疫

免疫（Immunity）原意是免除赋税或差役，在医学上引申为免除瘟疫，即抗御传染病的能力。现代免疫的概念是机体免疫系统识别“自己”和“非己”，对自身成分产生天然免疫耐受，对非己异物产生排除作用的一种生理反应。正常情况下，此种生理反应可维持机体内环境稳定，产生对机体有益的保护作用。在有些情况下，免疫超常或低下也能产生对机体有害的结果，如引发超敏反应、自身免疫病或肿瘤等。

根据种系和个体免疫系统的发育过程及免疫应答的效应机制和作用特点，可将机体的免疫分为非特异性免疫和特异性免疫两大类。

1. 非特异性免疫

又称天然免疫或固有免疫，是机体在长期种系发育和进化中逐渐形成的一种天然防御功能。经遗传获得，与生俱有，对各种侵入的病原体或其他抗原性异物可迅速应答，产生非特异抗感染免疫作用。

2. 特异性免疫

又称获得性免疫或适应性免疫，是机体在生活过程中，接受病原微生物等抗原性异物刺激后产生的，只对相应特定病原体等抗原性异物起作用的防御功能。包括通过人工免疫预防接种获得的免疫。

三、健　康

（一）健康的概念

1984年，世界卫生组织（WHO）宪章给健康定义为：健康不仅是免于疾病和衰弱，而且是保持躯体、精神和社会诸方面的完美状态。判断一个人健康的标准有三，首先要生理健康。一个人除了没有高度治疗的身体疾病外，还应有余力应付意外的挑战，并有足够的能力满足日常生活的需要。其次要心理健康。

不仅指人的精神、情绪和意识方面的良好状态，而且还要求一个人必须具有情感认识、接受、表达、独立行为以及应付日常各种挑战的能力等。最后还要道德健康。有参与社会活动、为社会作贡献，能与他人保持和谐的人际关系的能力。尤其重要的是能够按照社会道德行为规范准则约束自己，并支配自己的思想和行为，有辨别真、善、美、荣、辱的是非观念和能力。

现代的健康概念为：身体、情绪、社会交往、精神状态的良好平衡，并因此对生活产生满足感。现代的健康和概念与以往概念的最大区别在于：它倡导一个积极的态度，倡导在个体的自身条件下，努力获得更佳的状态；它把健康看作一个动态过程，而不是一种静止的、不能改变的状态。对于健康的人而言，健康只有更好，没有最好；对于病人而言，健康也可以通过自身的努力去获得。

健康与疾病之间没有明确的界限，躯体上的疾病虽然比较容易确认，而精神上的疾病则不容易被确定，社会交往过程中的健康与否则更加难以判断。健康应涵盖以下四方面内容：保持安宁状态，可以正常地生活、工作；自我感觉良好；具备对环境中各种因素的调节与适应能力；高效率地从事各项工作。

（二）影响健康的因素

影响健康的因素，又称健康的决定因素，是指影响和决定个人与人群健康状态的各种条件的变化。

1. 人类生物学因素

人类生物学因素包括遗传、病原微生物和个人生物学特征等。其中，遗传因素是一个影响健康的基本因素。

2. 环境因素

环境因素包括自然环境和社会环境，对人类健康影响极大。

3. 生活方式因素

生活方式因素又称行为与生活方式因素，特指人类个体或群体长期受一定文化、民族、社会、经济、风俗、习惯等因素影响而形成的一系列生活观念、生活态度、生活习惯和生活制度等，给个人、群体乃至社会的健康带来直接或间接的危害。不良生活方式是影响健康的重要因素之一，而良好的生活方式则是长寿的重要保证。

4. 医疗卫生服务因素

医疗卫生服务是指为了防止疾病和增进健康，卫生机构和卫生专业人员运用卫生资源和各种手段，有计划、有目的地向个人、群体和社会提供必要服务的活动过程。

第三节　免疫预防与疫苗

免疫预防是医学史上最为经济和有效的大众疾病防御手段。机体受到病原体感染后，会产生以保护性抗体和效应性T细胞为主的记忆性保护免疫反应。早在Jenner时代，就提出了疫苗研制的模拟自然感染过程的策略，即通过接种合适的抗原模拟上述反应从而达到预防疾病的目的。这一策略使天花、脊髓灰质炎、麻疹、白喉、百日咳等重要的传染病得到了控制或消灭，改变了人类的疾病谱，延长了人类的平均寿命。但这一研究策略，在另外一些传染病及非感染性疾病尚未取得类似成功，后者正成为疫苗研究新的领域和热点。

一、免疫预防简史

免疫预防就是有计划、有目的地给人体接种抗原或输注抗体或免疫细胞，使机体获得某种特异性抵抗力，从而达到预防和治疗某种疾病的方法。免疫预防始于早期的人痘接种预防天花的实践。天花这种可怕的疾病导致20%~30%的死亡率，幸存者将终身留下瘢痕。在公元10世纪早期，印度通过皮肤、中国通过鼻子将天花病变的脓液或愈合疮的死痂给予易感者，使他们获得免疫。因为尚不知道的原因，人痘接种和自然感染相比很少导致严重的疾病。在人痘接种部位常出现严重的损害，并伴有温和的发疹和全身反应症状，然而，其死亡率只有1%~2%，较自然感染的瘢痕也少得多。虽然这种免疫方法存在严重缺陷，但就免疫力而言，毫无疑问人痘接种是有效的。在19世纪的后50年代，痘苗的来源从人变成从牛获取，牛痘接种的巨大成功开辟了免疫预防的新纪元，使得天花这一可怕的瘟疫终于在1979年被人类消灭。

天花的消灭及其他多种传染病有效疫苗的发展，使得WHO提出了更为雄心勃勃的计划：1974年，WHO决定将预防控制天花的经验用于另一些可被疫苗预防的疾病，即免疫接种扩展计划。该计划最初是为全世界每年出生的12亿婴儿预防6种疾病：白喉、百日咳、破伤风、麻疹、脊髓灰质炎和结核。

由于免疫接种扩展计划的实施，疫苗使用范围的扩大，相应疾病的报告例数已下降。其后，乙型病毒性肝炎、黄热病也被列入了免疫接种扩展计划。在1988年，世界卫生组织给免疫接种扩展计划另一挑战：在2000年前消灭脊髓灰质炎。在发现天花牛痘疫苗200年、巴斯德逝世100年以后，人类正续写着对抗疾病的传奇。

二、免疫预防的分类

针对传染病易感人群的主要预防措施就是免疫预防。根据免疫预防的免疫学机制可以将免疫预防分为四类（表1-3）。

表1-3 免疫预防的分类

	被动预防	主动预防
特异性预防	被动特异性预防	主动特异性预防
非特异性预防	被动非特异性预防	主动非特异性预防

1. 被动特异性预防

是指采用抗原或病原特异性免疫效应制剂作用于机体而预防疾病的发生。其中应用最多的是抗原特异性抗体或抗血清，常在高危人群中配合主动特异性免疫措施使用。

2. 被动非特异性预防

是指采用抗原或病原的非特异性免疫效应制剂作用于机体而预防疾病的发生。这些免疫措施产生对抗原或病原的非特异性免疫力，如干扰素、胸腺肽、免疫球蛋白等，一般在缺少主动免疫措施时使用。

3. 主动特异性预防

是指采用抗原（疫苗）免疫机体，即采用疫苗接种的方法，使之产生特异性保护性免疫，从而预防疾病。此为免疫预防的主要和最有效手段。

4．主动非特异性预防

是指采用病原体非直接相关抗原刺激机体产生免疫反应，以提高对靶病原体的免疫力，但在实践中采用不多。

三、疫苗的分类

免疫预防的生物制品都是利用微生物及其产物所制造的用于防治传染病的生物制品。由于制造所用的原料不同，方法不同而有不同的名称，如菌苗、疫苗、类毒素、抗毒素等。

1．菌　苗

是用细菌制成的制品。它有两种：一种是将人工培养的致病菌用加热或化学药品杀死后制成的死菌苗，如伤寒菌苗、霍乱菌苗、百日咳菌苗等。另一种是将用人工方法获得的毒力减低或无毒的细菌制成的活菌苗，如卡介苗、布氏杆菌苗等。

2．疫　苗

是一种由病毒、立克次体或螺旋体经过人工培养后制成的制品。它与菌苗相似，也有死活之分，常用的流行性乙型脑炎疫苗是死疫苗，而牛痘疫苗、麻诊疫苗、小儿麻痹糖丸疫苗则是活疫苗。

3．类毒素

是把细菌所产生的外毒素用0.3%~0.4%甲醛处理以除去其毒性，但仍保留其免疫原性，这种除去毒性的外毒素即类毒素。如破伤风类毒素、白喉类毒素等。

4．抗毒素

是一种含有抗体的血清制品。先把类毒素给马注射，使其产生大量抗体，然后采取马血清，将其精制浓缩而成，如破伤风抗毒素，白喉抗毒素等。

表1–4　疫苗的分类

疫苗的类型	病毒/疾病	细菌/疾病
减毒活疫苗	脊髓灰质炎，腮腺炎，风疹，水痘，黄热病，轮状病毒，甲型肝炎	结核杆菌，伤寒，霍乱，志贺细菌性痢疾，麻风
灭活疫苗	脊髓灰质炎，流感，狂犬病，日本B型脑炎，甲型肝炎	百日咳，伤寒，霍乱，麻风

续表

疫苗的类型	病毒/疾病	细菌/疾病
类毒素疫苗	——	白喉，破伤风
亚单位疫苗（含多肽疫苗）	乙肝，二型单纯疱疹，流感，人乳头状瘤病毒，HIV，狂犬病	B型流感嗜血杆菌，百日咳，脑膜炎球菌，肺炎球菌，伤寒
载体疫苗	HIV，麻疹，狂犬病	伤寒，霍乱，结核分枝杆菌，志贺细菌性痢疾
核酸疫苗	HIV，流感，二型单纯疱疹，狂犬病，乙肝，丙肝，乳头状病毒，巨细胞病毒	伤寒，结核分枝杆菌

复习题

1. 运动量由哪些因素决定？如何掌握运动量？

2. 什么是先天性免疫和获得性免疫？它们是如何发挥非特异性/特异性抗感染作用的？

3. 简述运动、免疫和健康三者的关系？

参考文献

[1] 何维.医学免疫学[M].北京:人民卫生出版社，2010.

[2] 王瑞元.运动生理学[M].北京:人民体育出版社，2005.

[3] 王杨,张林.医用运动生理学[M].北京:中国医药科技出版社，2015.

[4] 张缨.实用运动免疫学[M]. 北京:体育大学出版社，2007.

[5] 中国体育学会.科学健身新理论与新方法，2013.

第二章 免疫系统

教学目标

掌握人体免疫系统的组成和功能；了解运动对免疫功能影响的双重性。

相关概念

免疫系统（Immune System）：是机体执行免疫应答及免疫功能的一个重要系统，是担负机体免疫功能的组织系统，是人体的抗感染、抗肿瘤系统。由免疫器官、免疫组织、免疫细胞和免疫分子组成。

免疫器官（Immune Organ）：是指实现免疫功能的器官或组织。因这些器官的重要成分是淋巴组织，又称为淋巴器官。

中枢免疫器官（Central Immune Organs）：又称一级免疫器官，包括骨髓、胸腺、鸟类法氏囊和其他同功器官。中枢免疫器官负责免疫细胞的产生、增殖、分化和成熟，对外周淋巴器官的发育和全身免疫功能起调节作用。

外周免疫器官（Peripheral Immune Organ）：是淋巴细胞和其他免疫细胞定居、增殖以及产生免疫应答的场所。包括淋巴结、脾以及皮肤和粘膜相关淋巴组织等。

淋巴循环（Lymph Circulation）：是循环系统的重要辅助部分，可以把它看作血管系统的补充。

淋巴细胞再循环（Lymphocyte Recirculation）：淋巴细胞在血液、淋巴液、淋巴器官或组织间反复循环的过程称为淋巴细胞再循环。

超敏反应（Hypersensitivity）：指已免疫的机体再次接受相同物质的刺激时所发生的反应。

超敏原（Anaphylactogen）：引起超敏反应的物质叫超敏原，如花粉、室内尘土、鱼、虾、牛奶、蛋类、青霉素、磺胺、奎宁、宠物的皮屑、羽毛、棉絮等。

第一节　免疫系统的组成

免疫系统（Immune System）是机体执行免疫应答及免疫功能的一个重要系统，是指担负机体免疫功能的组织系统，是人体的抗感染、抗肿瘤系统。由免疫器官或组织、免疫细胞和免疫分子组成。

一、免疫器官

免疫器官（Immune Organ）是指实现免疫功能的器官或组织。因这些器官的重要成分是淋巴组织，又称为淋巴器官（图2-1）。根据发生的时间顺序和功能差异，可分为中枢神经免疫器官（Central Immune Organ）和外周免疫器官（Peripheral Immune Organ）两部分。二者通过血液和淋巴循环相互联系。

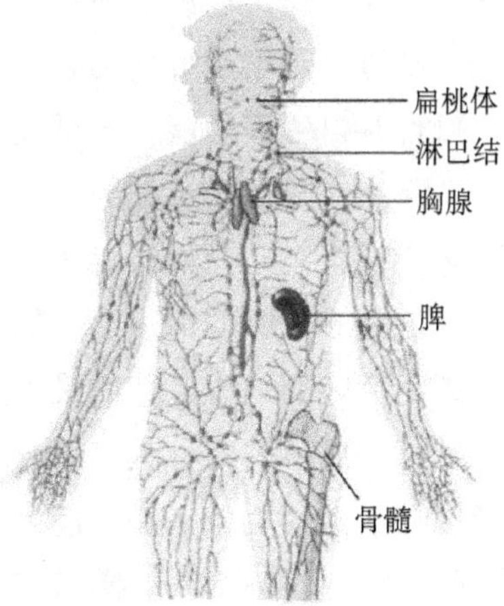

图2-1　免疫器官的组成

（一）中枢免疫器官

中枢免疫器官（Central Immune Organs）又称一级免疫器官，包括骨髓、胸腺、鸟类法氏囊或其同功器官。中枢免疫器官是免疫细胞产生、增殖、分化和成熟的器官，对外周免疫器官的发育和全身免疫功能起调节作用。

1．骨髓(Bone Marrow)

是由骨髓基质细胞、造血干细胞和毛细血管网络组成的海绵状组织。骨髓位于骨髓腔中，成年人骨髓分为红骨髓和黄骨髓。红骨髓具有造血功能，胚胎期和6岁前幼儿的所有骨髓均为红骨髓，成人红骨髓仅存于骨松质的网眼内。正常情况下，黄骨髓无造血功能，但在严重贫血，如运动性贫血时具有造血功能。成人长骨的骨髓腔为黄骨髓。

骨髓是各类血细胞和免疫细胞发生的场所，是人体B细胞发育成熟的中枢免疫器官。

骨髓中含有两种干细胞，一种是造血干细胞（Stem Cell ，SC）；另一种是骨髓间充质干细胞（Bone Marrow Stem Cell，BMSC）。

造血干细胞是尚未发育成熟的细胞，是所有造血细胞和免疫细胞的起源。具有自我更新能力并能分化为各种血细胞前体细胞，最终生成各种血细胞成分，包括红细胞、白细胞和血小板，它们也可以分化成各种其他细胞（图2-2）。造血干细胞采用不对称的分裂方式，由一个细胞分裂为两个细胞。其中一个细胞能保持干细胞的一切生物特性，从而维持身体内造血干细胞数量的相对稳定，这就是干细胞自我更新。而另一个则进一步增殖分化为各类血细胞、前体细胞和成熟血细胞，释放到外周血中，执行各自生理功能，直至衰老死亡。

骨髓间充质干细胞，又称为“间充质祖细胞”，是骨髓中的非造血干细胞。早期分离培养时，其外观呈成纤维细胞样而被称为“成纤维细胞集落形成单位”或“骨髓基质成纤维细胞”。随着研究的深入，人们发现其对骨髓血系细胞起支持诱导作用，可促进造血细胞克隆的形成，因而推测这种细胞可能是间质细胞的前体细胞，又因其来自于骨髓基质，因而称其为“骨髓基质细胞”。近年来的研究表明，骨髓间充质干细胞在不同的诱导条件下能分化成成熟的间质细胞，如成骨细胞、成软骨细胞、脂肪细胞、肌腱细胞、网状细胞、血管内皮细胞等。

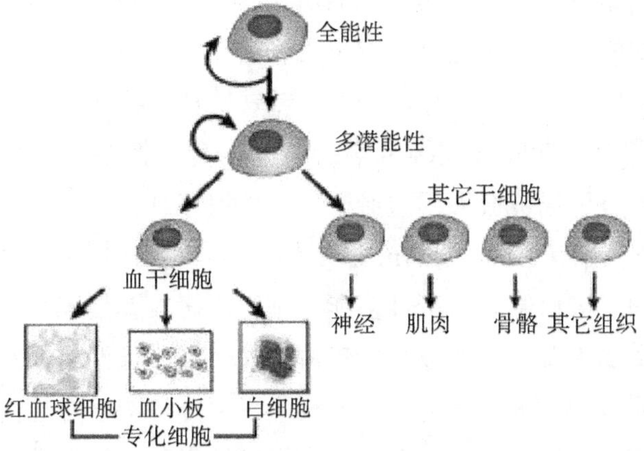

图2-2 造血干细胞分化示意图

造血干细胞异常能导致一些常见血液疾病，如贫血和白血病。

贫血是指在一定容积的循环血液内红细胞计数、血红蛋白量以及红细胞压积均低于正常标准者。其中以血红蛋白最为重要，成年男性低于120g/L（12.0g/dl），成年女性低于110g/L（11.0/dl），一般可认为贫血。

贫血是临床最常见的症状之一，然而它不是一种独立疾病，可能是一种基础的或有时是较复杂疾病的重要临床表现，一旦发现贫血，必须查明其发生原因。

贫血的症状主要表现为：软弱无力，疲乏、困倦，是因肌肉缺氧所致，为最常见和最早出现的症状；皮肤、粘膜苍白，皮肤、粘膜、结膜以及皮肤毛细血管的分布和舒缩状态等因素的影响。一般认为睑结合膜、手掌大小鱼际及甲床的颜色比较可靠；心悸为最突出的症状之一，有心动过速，在心尖或肺动脉瓣区可听到柔和的收缩期杂音，称为贫血性杂音，严重贫血可听到舒张期杂音。严重贫血或原有冠心病，可引起心绞痛、心脏扩大、心力衰竭；气急或呼吸困难，大都是由于呼吸中枢低氧或高碳酸血症所致；头晕、头痛、耳鸣、眼花、注意力不集中、嗜睡等均为常见症状。晕厥甚至神志模糊可出现于贫血严重或发生急骤者，特别是老年患者；食欲减退、腹部胀气、恶心、便秘等为最多见的症状；妇女患者中常有月经失调，如闭经或月经过多。在男女两性中性欲减退均多见；贫血严重者可有轻度蛋白尿及尿浓缩功能减低。

贫血患者应对症治疗。重度贫血患者、老年或合并心肺功能不全的贫血患者应输红细胞，纠正贫血，改善体内缺氧状态；急性大量失血患者应迅速恢复血容量并输红细胞纠正贫血。对贫血合并的出血，感染，脏器功能不全应施予不同的支持治疗；多次输血并发血色病者应予去铁治疗。

此外，贫血患者应对因治疗。例如，缺铁性贫血补铁及治疗导致缺铁的原发病；巨幼细胞贫血补充叶酸或维生素B_{12}；自身免疫性溶血性贫血采用糖皮质激素或脾切除术；范可尼贫血采用造血干细胞移植等。

再生障碍性贫血（Aplastic Anemia, AA，再障），是一种由物理、化学、生物等因素引起的、全血细胞减少性多能干细胞疾病，其临床特征以贫血、出血、感染、发热为主要表现。患者以青壮年占绝大多数，男性多于女性。约半数以上病例因找不到明显的病因，称为原发性再障。部分病例显然是由于化学、物理或生物因素对骨髓的毒性作用所引起，称为继发性再障。最常见的原因是药用、工业或生活中接触到化学物质的中毒或过敏，其次是各种形式的电离辐射，较少见病毒感染和免疫反应等。再生障碍性贫血是一种进行性贫血，其轻重与血细胞减少的程度及发展的速度有关。出现疲乏、软弱无力、皮肤粘膜苍白、齿龈出血、鼻子流血、深部脏器可见呕血、咯血、便血、尿血，女性有阴道出血，其次为眼底出血和颅内出血，后者常危及患者生命。此外，再生障碍性贫血患者口腔、肛门周围、皮肤和上呼吸等组织器官易出现感染症状。再生障碍性贫血治疗主要是骨髓移植。骨髓的造血能力极强，骨髓最高的造血能力可达到正常造血情况的9倍，如果只保留骨髓的十分之一，就能完成正常的造血功能，所以少量骨髓捐献对人体没有什么影响。人体的造血组织有很强的代偿功能，当抽取部分骨髓后，造血干细胞会加快增殖，在一、二周内完全恢复原来的水平。因此，捐献者不仅不会影响自身的造血功能，反而使自身的造血系统得到了锻炼，更具备了生命的活力。

运动性贫血，是由于长期大负荷运动而引发的贫血。表现为头晕、恶心、呕吐、气喘、体力下降，运动后心悸、心率加快、脸色苍白等。其发病原因为：内分泌的改变和血液酸化，红细胞的脆性增加；血流加速，大量排汗使铁随汗排出；血红蛋白尿；肌肉组织消耗蛋白增加。预防运动性贫血的措施有：合理安排运动量和运动强度（循序渐进，不要超越自身的生理负荷）；运动前后要补充蛋白质和铁；运动前后适当补充维生素C；一旦出现了运动性贫血的症状，应及时减少运动量。

地中海贫血，是一种遗传病，一定由父母遗传，是不会传染的。正常情况下，每个人会拥有两组正常的血红蛋白基因，一组来自父亲，另一组来自母亲。如果从父母处遗传了一个或多个不正常的基因，就可患上地中海贫血。主要分布在地中海国家及亚洲地区，我国的广西、广东和海南为地中海贫血高发区。主要有α地中海贫血和β地中海贫血两大类，又可分为极轻型、轻型、中间型及重型四个等级。

白血病是造血组织的恶性疾病，又称“血癌”。其特点是骨髓及其他造血组织中有大量白细胞无限制地增生，并进入外周血液，而其他血细胞的制造被明显抑制，该病居年轻人恶性疾病中的首位，病因至今仍不完全清楚，病毒可能是主要的致病因子，但还有许多因素如放射、化学毒物（苯等）或药物、遗传素质等可能是致病的辅因子。根据白血病细胞不成熟的程度和白血病的自然病程，分为急性和慢性两大类。白血病是造血系统的恶性肿瘤，是我国最常见的恶性肿瘤之一。根据回顾调查，各地区白血病的发病率在各种肿瘤中占第六位。白血病是骨髓、脾、肝等造血器官中白细胞的恶性增生，可进入血循环并浸润到全身各组织脏器中，临床可见有不同程度的贫血、出血、感染发热以及肝、脾、淋巴结肿大和骨骼疼痛。白血病患者中，男性多于女性。其特征为白血病细胞在骨髓及其他造血组织中呈恶性、无限制地增生，浸润全身各组织和脏器，产生不同症状；周围血液血细胞有量和质的变化。每天骨髓能产生上百亿个新的血细胞，大多数为红细胞。而患有白血病的人体内产出的白细胞比实际需要的多，且多数的白细胞是不成熟的，为幼稚细胞，其存活期比正常情况下长。尽管这种白细胞数量很大，然而却不能像正常白细胞那样抗感染。体内这种白细胞的增多，会直接影响一些重要器官的功能，影响正常健康血细胞的产量。由于肿瘤细胞恶性增生，抑制红细胞和血小板的产生，甚至没有足够的正常白细胞抗感染，很容易受伤、出血、感染。白血病浸润组织脏器比较集中而且严重，破坏组织能力较大。白血病在疾病过程中，大多伴有不同程度的出血，可发生在任何部位，但多见于造血组织、皮肤粘膜、心包膜、脾、胃及中枢神经等。其出血常发生在有白血病细胞浸润的基础上。由于白血病细胞浸润、出血，梗死及全身代谢障碍，局部或全部组织可有营养不良与萎缩，甚至坏死等。近年来，由于大量化疗药物和抗生素的应用，其尸检病理变化有新的表现，白血病细胞崩解浸润消失，出现了纤维蛋白渗出，组织细胞吞噬，继而纤维化。骨髓可出现萎缩或纤维化，某些霉菌、原虫的感染增多，药物引起的病变增多。现可知白血病是一种克隆性恶性病，恶性病变可发生在造血干细胞广泛范围内，累及的范围可以多少不一。恶性克隆的产生可能和多种因素有关，其中逆转录病毒感染原瘤基因激活是主要的，而放射线、化学毒物、药物（特别是烷化剂）以及遗传因素致染色体异常和免疫功能降低等促使了恶性克隆的产生和发展。某些造血系统疾病如骨髓增殖性疾病、骨髓增生异常综合征、阵发性睡眠性血红蛋白尿。

随着分子生物学技术的发展，白血病的病因学已从群体医学、细胞生物学进入分子生物学的研究。尽管许多因素被认为和白血病发生有关，但人类白血病的确切病因至今未明。目前在白血病的发病原因方面，仍然认为与感染，放射因素，化学因素，遗传因素有关。

① 病毒因素。RNA肿瘤病毒在鼠、猫、鸡和牛等动物的致白血病作用已经肯定，这类病毒所致的白血病多属于T细胞型。

② 化学因素。一些化学物质有致白血病的作用。例如，接触苯及其衍生物的人群白血病发生率高于一般人群。亚硝胺类物质，保泰松及其衍生物、氯霉素等诱发白血病的报告也可见到，但还缺乏统计资料。某些抗肿瘤的细胞毒药物如氮芥、环磷酰胺、甲基苄肼、VP16、VM26等，都公认有致白血病的作用。

③ 放射因素。有确切证据可以肯定各种电离辐射条件可以引起人类白血病。白血病的发生取决于人体吸收辐射的剂量，整个身体或部分躯体受到中等剂量或大剂量辐射后都可诱发白血病。然而，小剂量的辐射能否引起白血病，仍不确定。日本广岛、长崎爆炸原子弹后，受严重辐射地区白血病的发病率是未受辐射地区的17~30倍。爆炸后3年，白血病的发病率逐年增高，5~7年时达到高峰。至21年后其发病率才恢复到接近于整个日本的水平。放射线工作者，放射线物质（比如钴-60）经常接触者白血病发病率明显增加。接受放射线诊断和治疗可导致白血病发生率增加。

④ 遗传因素。有染色体畸变的人群白血病的发病率高于正常人。白血病按起病的缓急可分为急、慢性白血病。急性白血病细胞分化停滞在早期阶段，以原始及早幼细胞为主，疾病发展迅速，病程数月。慢性白血病细胞分化较好，以幼稚或成熟细胞为主，发展缓慢，病程数年。按病变细胞系列分类，包括髓系的粒、单、红、巨核系和淋巴系的T和B细胞系。临床上常将白血病分为急性淋巴细胞白血病（ALL）、急性髓细胞白血病（AML，以往称为急性非淋巴细胞白血病）、慢性粒细胞白血病、慢性淋巴细胞白血病等。儿童及青少年急性白血病

多起病急骤。常见的首发症状包括发热、进行性贫血、显著的出血倾向或骨关节疼痛等。起病缓慢者以老年及部分青年病人居多，病情逐渐进展。此外，少数患者可以抽搐、失明、牙痛、牙龈肿胀、心包积液、双下肢截瘫等为首发症状。

白血病的临床症状主要为：① 发热。是白血病最常见的症状之一，表现为不同程度的发热和热型。发热的主要原因是感染，其中以咽峡炎、口腔炎、肛周感染最常见，肺炎、扁桃体炎、齿龈炎、肛周脓肿等也较常见。耳部发炎、肠炎、痈、肾盂肾炎等也可见到，严重者可发生败血症、脓毒血症等。发热也可以是急性白血病本身的症状，而不伴有任何感染迹象。② 感染。病原体以细菌多见，疾病后期，由于长期粒细胞低于正常和广谱抗生素的使用，真菌感染的可能性逐渐增加。病毒感染虽少见但凶险，须加以注意。③ 出血。出血部位可遍及全身，以皮肤、牙龈、鼻腔出血最常见，也可有视网膜、耳内出血和颅内、消化道、呼吸道等内脏大出血。女性月经过多也较常见，可以是首发症状。④ 贫血。早期即可出现，少数病例可在确诊前数月或数年先出现骨髓增生异常综合征（MDS），以后再发展成白血病。病人往往伴有乏力、面色苍白、心悸、气短、下肢水肿等症状。贫血可见于各类型的白血病，老年病人更多见。⑤ 骨和关节疼痛。骨和骨膜的白血病浸润引起骨痛，可为肢体或背部弥漫性疼痛，亦可局限于关节痛，常导致行动困难。约1/3患者有胸骨压痛，此征有助于本病诊断。⑥ 肝脾和淋巴结肿大。以轻、中度肝脾肿大为多见。ALL比AML肝脾肿大的发生率高，慢性比急性白血病脾脏肿大更为常见，程度也更明显。淋巴结肿大ALL也比AML多见，可累及浅表或深部如纵隔、肠系膜、腹膜后等淋巴结。⑦ 中枢神经系统白血病（CNSL）。CNSL系急性白血病严重并发症，常见于ALL和AML中的M4和M5，但其他类型也可见到。由于常用化疗药物难以透过血脑屏障，因此成为现代急性白血病治疗的盲点和难点。浸润部位多发生在蛛网膜、硬脑膜，其次为脑实质、脉络膜或颅神经。重症者有头痛、呕吐、项强、视乳头水肿，甚至抽搐、昏迷等颅内压增高的典型表现，可类似颅内出血，轻者仅诉轻微头痛、头晕。颅神经（第VI、VII对颅神经为主）受累可出现视力障碍和面瘫等。⑧ 其他组织和器官浸润。ALL皮肤浸润比AML少见，但睾丸浸润较多见。睾丸白血病也常出现在缓解期ALL，表现为单或双侧睾丸的无痛性肿大，质地坚硬无触痛，是仅次于CNSL的白血病髓外复发根源。白血病浸润还可累及肺、胸膜、肾、消化道、心、脑、子宫、卵巢、乳房、腮腺和眼部等各种组织和器官，并表现相应脏器的功能障碍。⑨ 慢性粒细胞白血病的症状。起病缓慢，早期常无自觉症状，多因健康检查或因其他疾病就医时才发现血象异常或脾肿大而确诊。随着病情发展，可出现乏力、低热、多汗或盗汗、体重减轻等新陈代谢亢进的表现。由于脾肿大而感左上腹坠胀、食后饱胀等症状。检查时最为突出的是脾肿大，往往就医时已达脐平面。病情可稳定1~4年，之后进入加速期，迅速出现贫血及更多症状，然后很快进入急变期，可以急变为AML或者ALL，临床表现与急性白血病完全一样，治疗效果和预后则比原发性急性白血病更差，通常迅速死亡。

儿童是白血病的高发人群，其原因除了儿童的免疫功能比较弱外，室内装饰材料散发的有害气体、用药不当、食物中防腐剂超标、蔬菜上残存的大量农药、鱼禽肉蛋中的药物都是不能忽略的因素。如何预防儿童白血病，专家向家长们提出如下忠告：让儿童在空气清新时多做户外活动，以增强免疫能力；平时在饮食方面要做到饮食搭配合理，防止酸性体质的出现危害儿童的健康，饮食保证在餐桌上要“二酸八碱”；减少儿童在污染环境里的活动时间；儿童生病时用药应注意安全，不应擅自滥用药，儿童少吃加工小食品，蔬菜瓜果要清洗干净后再食用，能去皮的尽量去皮后食用。家长如发现孩子有贫血、浑身无力、脸煞白、不明原因的发热、出血等症状，要立即带孩子到医院的血液专科进行检查。

2. 胸腺(Thymus)

位于胸骨柄后方，贴近心包上方，大血管的前面，一般分为不对称的左右两叶，是T细胞分化发育和成熟的场所。胸腺是体内最先衰老的器官，人胸腺的大小和结构随年龄的不同具有明显的差异。胸腺于胚胎20周发育成熟，是发生最早的免疫器官，新生儿和幼儿的胸腺相对较大（5~20g），以后逐渐增大，至性成熟期可达最大（30~40g），青春期后，胸腺随年龄增长而逐渐萎缩退化，到老年时基本被脂肪组织所取代，随着胸腺的逐渐萎缩，功能衰退，细胞免疫力下降，对感染和肿瘤的监视功能减低。

胸腺具有以下3种功能：①是T细胞分化、成熟的主要场所；②免疫调节：对外周免疫器官和免疫细胞具有调节作用，可分泌细胞因子（如IL-1, IL-2, IL-3, IL-4, IL-7）和胸腺激素（如胸腺素和胸腺生成素）；③诱导胸腺细胞对自身抗原形成免疫耐受。

重症肌无力一种自身免疫疾病，发病起源点是胸腺。临床症状：可见于任何年龄，约60%在30岁以前发病，女性多见。发病者常伴有胸腺瘤。骨骼肌稍经活动后即感疲乏，短时休息后又见好转。75%~85%的患者经手术切除胸腺加综合治疗后可获得显著改善或完全缓解。

3．腔上囊

又称法氏囊，是鸟类动物特有的淋巴器官，位于胃肠道末端泄殖腔的后上方。与胸腺不同，腔上囊训化产生B淋巴细胞，主导机体的体液免疫功能。

（二）外周免疫器官

外周免疫器官（Peripheral Immune Organ）是淋巴细胞和其他免疫细胞定居、增殖以及产生免疫应答的场所。包括淋巴结、脾以及皮肤和粘膜相关淋巴组织等。

1．淋巴结

是在淋巴管的行程上无数个大小不一的小体，是由致密结缔组织被膜包被的实质性器官，在人体的颈部、腋窝、腹股沟等处淋巴结最多，若能摸到，往往是由于有关的区域或器官出现了病变。

（1）人体淋巴结的功能

人体淋巴结的功能为：①过滤和清除异物：杀伤病原微生物，清除异物，从而起到净化淋巴液， 防止病原体扩散。②是T细胞和B细胞定居的场所。③是免疫应答发生的场所。④是淋巴细胞再循环的主要场所。

（2）淋巴循环（Lymph Circulation）

是循环系统的重要辅助部分，可以把它看作血管系统的补充。淋巴循环的意义：①将过剩的组织液回流入静脉，从而调节血浆与组织液之间的平衡。②可以将少量由毛细血管渗出的蛋白质重新送回血液。③将由小肠绒毛吸收的大部分脂肪成分运回血液。④淋巴流经的淋巴结，具有防御保护作用。

（3）淋巴细胞再循环

是淋巴细胞在血液、淋巴液、淋巴器官或组织间反复循环的过程，见图2-3。淋巴细胞再循环的意义是可以使带有各种不同抗原受体的淋巴细胞不断在体内循环，增加与抗原接触的机会。

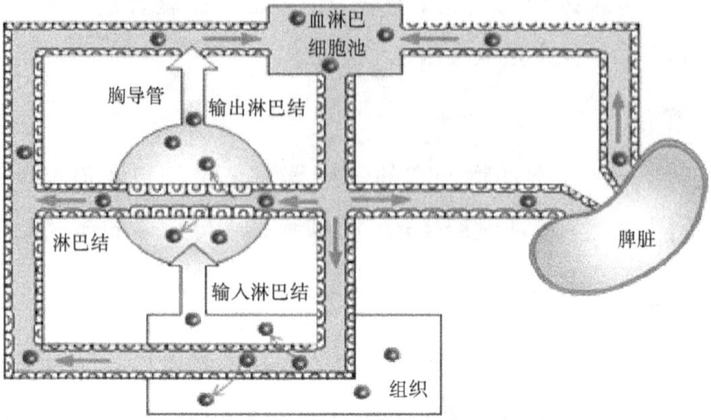

图2-3　淋巴细胞再循环模式图

2. 脾

位于腹腔的左上方，胃底与隔之间，扁椭圆形，暗红色，质软而脆，是胚胎时期的造血器官，自骨髓开始造血后，脾演变为人体最大的淋巴器官（图2-4）。当局部受暴力打击易破裂出血。

脾的生物学功能：①胚胎期具有造血功能。②能吞噬和清除体内衰老的细胞和病菌微生物。③是T、B淋巴细胞定居的场所。④能贮存血液：脾窦充满大量血液，可根据机体需要调节血量。⑤产生吞噬细胞增强激素。

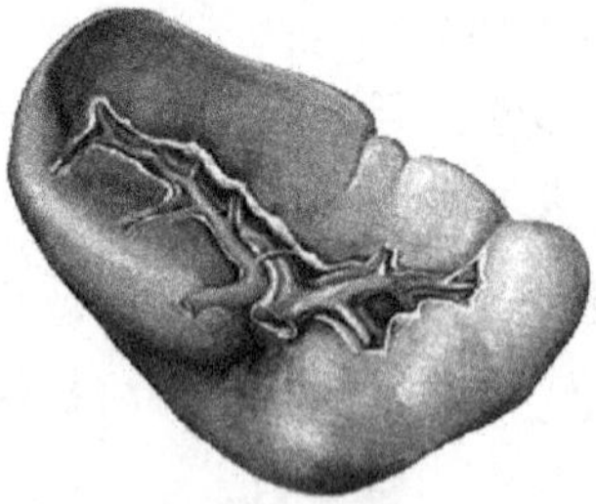
图2-4　脾的脏面

3. 粘膜、皮下相关淋巴组织

粘膜、皮下相关淋巴组织包括黏膜相关淋巴组织（MALT）和皮下相关淋巴组织。

（1）粘膜相关淋巴组织，也称粘膜免疫系统（MIS），主要是指呼吸道、胃肠道及泌尿生殖道黏膜固有层和上皮细胞下散在的无被膜淋巴组织，以及某些带有生发中心的器官化的淋巴组织，如扁桃体、小肠的派氏集合淋巴结（PP）及阑尾等，是广泛分布于呼吸道、肠道及泌尿生殖道黏膜固有层中的无被膜淋巴组织。可分两种类型：具有一定结构的粘膜淋巴滤泡和弥散的粘膜淋巴组织。

（2）皮下相关淋巴组织，也称皮肤免疫系统，是存在于皮肤的表皮层和真皮层中的免疫细胞，如巨噬细胞、肥大细胞。

皮肤、黏膜相关淋巴组织的功能：①是外来抗原刺激的第一道防线；②在激发全身性和局部免疫应答中发挥重要作用；③参与免疫应答的效应过程，如接触性皮炎常发生在皮肤组织；④可参与淋巴细胞再循环。

4. 扁桃体

扁桃体是分布在口腔、咽部皮下的淋巴组织团块。按其位置分别称为腭扁桃体、咽扁桃体和舌扁桃体，其中以腭扁桃体最大，通常所说的扁桃体就是腭扁桃体。

扁桃体受到病菌感染而发炎，即扁桃体炎，是一种常见的上呼吸道感染疾病（图2-5）。经常锻炼身体，增强体质，减少上呼吸道感染的几率，注意冷暖，预防感冒，就可以消除发病因素，预防扁桃体炎的发生。

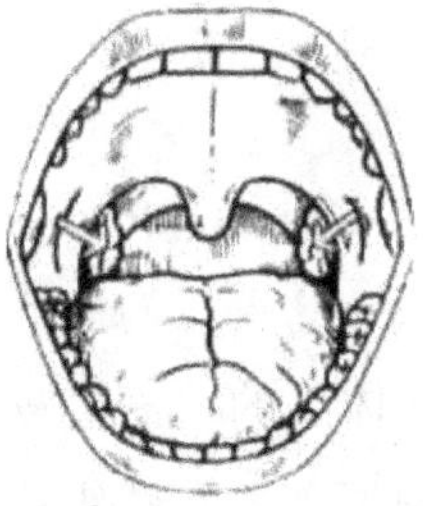

图2-5　人体扁桃体的位置

5. 阑　尾

阑尾（Vermiform Appendix）又称蚓突，是细长弯曲的盲管，在腹部的右下方，位于盲肠与回肠之间，它的根部连于盲肠的后内侧壁，远端游离并闭锁，活动范围位置因人而异，变化很大，受系膜等的影响，阑尾可伸向腹腔的任何方位。一般认为儿童和青年时期阑尾具有发达的淋巴组织，能运输有免疫活性的淋巴细胞，故阑尾可称为免疫器官之一，到成年人后，这种免疫功能已被全身淋巴结和脾脏所代替。

由于阑尾粘膜下层有丰富的淋巴组织，并常呈增生，使阑尾腔狭窄或梗阻，加之阑尾腔内常有粪便、结石、寄生虫等存留，这些因素都可造成阑尾腔内容物引流不畅，尤其因阑尾动脉为终末动脉，供血较差，一旦因某种原因造成血循环障碍，就易引起阑尾缺血坏死而发炎，称阑尾炎。

急性阑尾炎主要症状：持续性腹痛，多半开始在脐周围、上腹部疼痛，以后逐渐加剧，经数小时后疼痛转移至右下腹部；伴有恶心呕吐、发热、食欲减退；右下腹部肌肉紧张。阑尾一旦穿孔，引起腹膜炎时，可出现右下腹或全腹肌紧张；当腹痛怀疑有急性阑尾炎的可能时，千万不能盲目服用止痛药，而应及早去医院诊治。如果急性阑尾炎反复发作有可能转化成慢性阑尾炎。

第二节　免疫系统的功能

正常情况下，免疫系统执行的免疫功能能维持机体内环境的相对稳定。免疫功能异常时，可产生病理性免疫损伤作用。免疫系统的功能可概括为：免疫防御、免疫自稳和免疫监视。

一、免疫防御

免疫防御（Immunologic Defence）：是指机体抵抗病原微生物感染的能力，防止外界病原体的入侵及清除已入侵的病原体及有害的生物性分子。

人体有三道防线可抵御病原体的的攻击。皮肤、黏膜是保卫人体的第一道防线；体液中的杀菌物质（如溶菌酶）和吞噬细胞是保卫人体的第二道防线。这两道防线人人生来就有，也不针对某一类特定病原体，而是对多种病原体都有防御作用，因此叫做非特异性免疫。多数情况下，这两道防线可以防止病原体对机体的侵袭。

如果这两道防线被突破，人体的第三道防线就发挥作用了。第三道防线主要是由免疫器官和免疫细胞借助血液循环和淋巴循环而组成的，在抵抗外来病原体和抑制肿瘤等方面具有十分重要的作用。

免疫防御功能过强或过弱，都会引起机体功能紊乱。过强会导致超敏反应性疾病，如青霉素过敏；过低或障碍会导致免疫缺陷病，如艾滋病。

（一）超敏反应

超敏反应（Hypersensitivity）：指已免疫的机体再次接受相同物质的刺激时所发生的反应。其特点是发作迅速、反应强烈、消退较快；一般不会破坏组织细胞，也不会引起组织损伤，有明显的遗传倾向和个体差异。

Gell和Coombs根据超敏反应发生的机理和临床特点将超敏反应分为四型：I型超敏反应，即速发型超敏反应；II 型超敏反应，即细胞毒型或细胞溶解型超敏反应；III 型超敏反应，即免疫复合物型或血管炎型超敏反应；IV型超敏反应，即迟发型超敏反应。四型超敏反应的发生机理见表2-1。

引起超敏反应的物质叫超敏原，如花粉、室内尘土、鱼、虾、牛奶、蛋类、青霉素、磺胺、奎宁、宠物的皮屑、羽毛、棉絮等。

超敏反应是可以预防的，其防御措施为：① 找出超敏原。②尽量避免再次接触该过敏原。

表2-1 超敏反应的发生机理与常见疾病

类型	参与成分	发生机理	病理结局	临床表现
I 型 速发型	IgE 肥大细胞 嗜碱性粒细胞	机体致敏，变应原与细胞表面的IgE结合，Fcε RI交联导致脱颗粒，活性介质作用于效应器官	血管通透性增强，毛细血管扩张，平滑肌收缩，嗜酸性粒细胞浸润	过敏性休克，支气管哮喘，过敏性胃肠炎，荨麻疹
II 型 细胞毒型	IgM/IgG 补体NK细胞，中性粒细胞，巨噬细胞	抗体与自身抗原靶细胞结合，激活补体溶解靶细胞（CDC），增加巨噬细胞等调理吞噬作用，NK通过ADCC杀伤靶细胞	靶细胞溶解 被吞噬 功能紊乱	输血反应，新生儿溶血症，溶血性贫血，药物过敏性血细胞减少症，Graves病

续表

类型	参与成分	发生机理	病理结局	临床表现
III型 免疫复合物型	IgM/IgG 补体，中性粒细胞，肥大细胞，血小板	中等大小IC沉积血管壁，激活补体，激活肥大细胞、中性粒细胞，使血管透性增加，溶酶体释放，血小板凝集形成血栓	血管炎症，中性粒细胞浸润，血管炎，组织坏死	局部Arthus反应，血清病，感染后肾小球肾炎，类风湿性关节炎
Ⅳ型 迟发型	APC Th1/CTL 巨噬细胞	APC将抗原提呈给T细胞使之致敏，Th1释放细胞因子引起炎症反应，CTL直接杀伤靶细胞	炎症，单个核细胞浸润，组织损伤	接触性皮炎 移植排异 传染性变态反应

（二）免疫缺陷病

免疫缺陷病（Immunodeficiency Disease, IDD）：是由先天性免疫系统发育不良或后天损伤因素而引起免疫细胞的发生、分化、增殖、调节和代谢异常，并导致机体免疫功能降低或缺陷，临床上表现为易发生反复感染的一组综合征。根据发病原理可分为：原发性免疫缺陷病和继发性免疫缺陷病两类。

1. 原发性免疫缺陷病(Primary Immuno Deficiency Disease, PIDD)

又称先天性免疫缺陷病，是一组少见病，与遗传相关，常发生在婴幼儿，出现反复感染，严重威胁生命。因其中有些可能获得有效的治疗，故及时诊断仍很重要。原发性免疫缺陷病分类见表2-2。

表2-2　原发性免疫缺陷病分类

分类	代表性疾病
1.抗体（B细胞）免疫缺陷病	性联无免疫球蛋白血症、获得性无丙球蛋白血症、选择性IgA、IgM、IgG亚类缺陷病、性联淋巴细胞增值缺陷病
2.细胞（T细胞）免疫缺陷病	先天性胸腺发育不全、慢性黏膜皮肤念球菌病、T细胞缺陷伴有嘌呤核苷磷酸化酶缺陷、T细胞缺陷伴有膜糖蛋白缺陷、T细胞缺陷伴有MHC Ⅰ类和/或Ⅱ类分子缺陷

续表

分类	代表性疾病
3.联合免疫缺陷病	严重联合免疫缺陷病（SCID）、Nezelof综合征、腺苷酸脱氢酶缺陷、Wiskott-Aldrich综合征、移植物抗宿主病（GVHD）、获得性免疫缺陷综合征（AIDS）
4.吞噬细胞功能缺陷病	慢性肉芽肿病、G-6-PG缺陷征、髓过氧化物酶缺陷征、Chediak-Higashi综合征、Job's综合征、Tufsin缺陷病、迟钝白细胞综合征
5.补体系统缺陷病	单个补体成分缺乏、补体调控蛋白缺乏、补体受体缺乏

2. 继发性免疫缺陷病(Second ImmunoDeficiency Disease, SIDD)

又称获得性免疫缺陷病，是出生后由某些原因导致的免疫功能低下，比原发性免疫缺陷病发病率高，可发生在任何年龄，而免疫缺陷程度、类型与造成免疫功能低下的原因有关。

引发继发性免疫缺陷病的常见原因包括感染、肿瘤、营养不良、蛋白合成不足或消耗增加，使用有抑制免疫功能的药物，以及电离辐射、手术麻醉、脾切除、中毒、妊娠、老年等。

继发性免疫缺陷病多数是暂时性的，消除病因后能够恢复。少数继发性免疫缺陷病则不容易恢复，如由人类免疫缺陷病毒引起的获得性免疫缺陷综合征，即艾滋病。

艾滋病是一种免疫缺陷病，又叫获得性免疫缺陷综合征（Acquired Immuno-deficiency Syndrome，AIDS），是由人类免疫缺陷病毒（HIV，俗称艾滋病病毒）引起的致死性传染病。HIV能够攻击人体的免疫系统，特别是能够侵入T细胞，使T细胞大量死亡，导致患者丧失一切免疫功能，对病原体及多种疾病的易感性增加而致人死亡。艾滋病病毒主要分布在艾滋病患者和携带者的血液、精液、唾液、泪液、尿液和乳汁中。

艾滋病是会传染的，其传染的的主要途径为：①性交接触传染，最为常见；②血液传染，如使用污染的针头，输不正规的血和血制品；④母婴传染，母体病毒经胎盘感染胎儿或通过哺乳、粘膜接触等方式感染婴儿。

一个健康人从感染上艾滋病毒（HIV）到死亡，一般可分为三个阶段：HIV急性感染期，无症状期和症状期。

（1）HIV急性感染期

感染后，少部分感染者会出现类似流行性感冒的症状，如发热、咽喉炎、皮疹、淋巴结肿大等，在2~3个星期内，这些症状会自然消失。

（2）无症状期

约占从感染到死亡整个过程的80%时间，这时的病人被叫作HIV携带者，表面上大多数感染者与正常人没有区别，只是其体内的免疫系统正在与病毒进行着无形的斗争。感染者的无症状期持续的时间可长可短，少则为2年，多的可达20年。

（3）症状期

这时的感染者被叫艾滋病（AIDS）患者，他们的血液中充满了艾滋病病毒，每一个免疫细胞的细胞核内有可能被几百个病毒占据，这时非常容易受到其他疾病的感染，一些平时根本不会对人的生命产生威胁的普通传染病如肺炎等，一旦进入艾滋病患者的机体就会无法控制，此时，艾滋病患者一般在6~24个月内死亡。

艾滋病是可以预防的，主要预防措施有：①洁身自爱。②不与他人共用牙刷和剃须刀。③不用未经消毒的器械纹眉、穿耳等。④注射器等医疗器械必须严格消毒。⑤需要输入的血液和血液制品，必须经过艾滋病病毒抗体检测。

现在HIV疫苗正在研制中，但由于对HIV的致病机制和宿主对HIV的免疫应答了解仍不多，加上HIV抗原变异性很大，给疫苗研究带来较大困难。目前还没有特效的抗HIV药物。用逆转录酶抑制剂叠氮胸腺嘧啶（Azidothymidine, AZT）仅可延长病人的无症状期，用可溶性CD^{4+}干扰病毒的扩散只取得了有限的疗效。AIDS的防治仍存在许多问题，有待解决，需要科学工作者的共同努力。

世界卫生组织将12月1日定为世界艾滋病日，旨在提高公众对HIV病毒引起的艾滋病在全球传播的意识。定为12月1日是因为第一个艾滋病病例是在1981年12月1日诊断出来的。世界艾滋病日的标志是红绸带（图2-6）。通过设置“世界艾滋病日”，让人们都知道艾滋病在全球范围内是能够加以控制和预防的，让大家都知道，防止艾滋病最重要的就是每个人都要对自己的行为负责。通过艾滋病日的宣传，也唤起人们对艾滋病病毒感染者的同情和理解，因为他们的身心已饱受疾病的折磨，况且有一些艾滋病病毒感染者可能是被动的、无辜的，并希望大家支持各自国家制定的防治艾滋病的规划，以唤起全球人民共同行动起来支持这方面的工作。

图2-6 艾滋病标志红绸带

二、免疫自稳

免疫自稳（Immunologic Homeostasis），是机体免疫系统维持内环境稳定的一种生理功能。该功能正常时，机体可及时清除体内损伤、衰老、变性的细胞和免疫复合物等异物，而对自身成分保持免疫耐受；该功能失调时，可发生生理功能紊乱或自身免疫性疾病。常见的自身免疫性疾病有风湿性心脏病、系统性红斑狼疮、I型糖尿病等。

1. 风湿性心脏病

风湿性心脏病是指由于风湿热活动，累及心脏瓣膜而造成的心脏病变。据世界卫生组织的不完全统计，全世界有超过1500万风湿性心脏病患者，同时每年新增50万人患急性风湿热。病因主要是由于A组溶血性链球菌感染引起，导致心脏瓣膜被自身的免疫细胞所吞噬而关闭不全，属于自身免疫疾病。多发于冬春季节，寒冷、潮湿环境下，初发年龄多在青壮年。

2. 系统性红斑狼疮

是细胞核物质（如DNA、RNA、核内可溶性蛋白）刺激机体产生抗核抗体，形成免疫复合物（IC），沉积于周身毛细血管、关节滑膜、心脏瓣膜等处，引起全身性损伤，多见于中年女性。其特征是

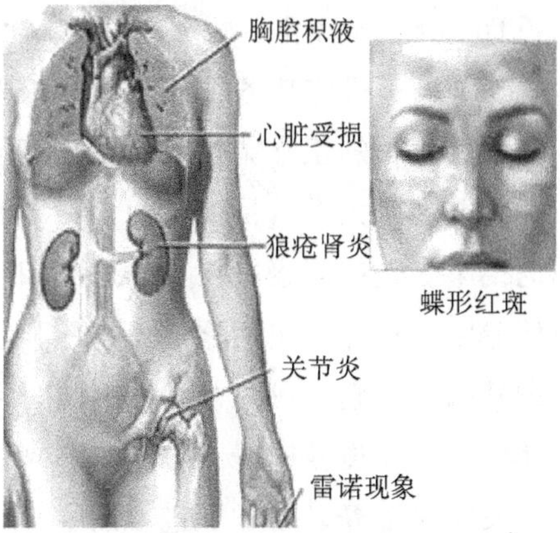

图2-7 系统性红斑狼疮

面颧部蝴蝶状充血疹及广泛内脏病变，易受侵的器官有心、肾、肺、肝等（图2-7）。“典型”病例呈急性过程，有发热、关节痛、淋巴结肿大、肾功能衰竭等，并可致死，但大部分进展缓慢。

3. I型糖尿病

糖尿病是由于某种原因造成体内胰岛素量分泌绝对或相对不足而引起的糖、脂肪、蛋白质等代谢发生紊乱的一种代谢障碍性内分泌疾病。根据世界卫生组织的建议，可把糖尿病分为I型、II型及继发性糖尿病三大类。I 型糖尿病又称为胰岛素依赖型，为胰岛素绝对不足。多发于青少年，是一种自身免疫性疾病，在 I 型糖尿病患者的血液中可查出多种自身免疫抗体，如谷氨酸脱羧酶抗体（GAD抗体）、胰岛细胞抗体（ICA抗体）等。这些异常的自身抗体可以损伤人体胰岛分泌胰岛素的B细胞，使之不能正常分泌胰岛素，需用外源性胰岛素作为补充。此病虽好发于儿童或青少年期，但除了儿童之外，实际上I型糖尿病也可能发生在人一生中各个年龄段，特别是更年期。I 型糖尿病发病一般比较急骤，口渴、多饮、多尿、多食以及乏力消瘦，体重急剧下降等症状十分明显，有的患者首发即有酮症酸中毒。

三、免疫监视

免疫监视（Immunologic Surveillance），是机体免疫系统识别、清除体内突变细胞和病毒感染细胞的一种生理性保护作用。免疫监视功能过弱会导致肿瘤（Tumor）或持续性病毒感染。

肿瘤是机体在各种致癌因素作用下，局部组织的某一个细胞在基因水平上失去对其生长的正常调控，导致其克隆性异常增生而形成的异常病变。一般分为良性和恶性两大类。目前认为，肿瘤的发生和发展是多因素、多阶段与多基因作用的结果。这些因素主要分为外因和内因。内因包括免疫状态、内分泌、代谢和遗传等因素；外因包括化学、物理和生物等方面的致癌因素。同一种肿瘤可由不同的外因所引起，有时几种外因同时起作用；同一种外因也可引起不同的肿瘤。机体可通过免疫效应机制发挥抗肿瘤作用。若宿主的免疫功能低下或受抑制，则肿瘤发病率增高，在肿瘤进行性生长时，患者的免疫功能也会被抑制。机体的抗瘤免疫效应包括体液免疫机制和细胞免疫机制，以细胞免疫机制的作用更为重要。

在肿瘤与免疫系统相互关系中，细胞因子的作用已引起人们高度重视。一方面，许多细胞因子在体内外显示直接或间接的杀瘤作用，如肿瘤坏死因子；另一方面，异常表达的细胞因子也可参与肿瘤的发生、发展。

1．抗肿瘤的体液免疫效应作用机制

抗肿瘤的体液免疫效应作用机制包括：①激活补体系统溶解肿瘤细胞；②依赖抗瘤抗体的ADCC效应，发挥溶解肿瘤细胞作用；③抗瘤抗体可促进吞噬细胞对肿瘤细胞的吞噬，即调理作用；④抗瘤抗体封闭肿瘤细胞表面某些受体，抑制肿瘤细胞增殖；⑤抗粘附分子抗体可干扰肿瘤细胞的粘附特性，从而影响肿瘤的浸润和转移。一般情况下，体液免疫在抗肿瘤机制中仅占次要地位。

2．抗肿瘤的细胞免疫效应机制

抗肿瘤的细胞免疫效应机制包括：①被肿瘤抗原激活的T细胞（Tc细胞）通过特异性识别而杀伤肿瘤细胞，被肿瘤激活的T细胞（如CD^{4+}Th细胞）也可通过释放各种细胞因子而直接或间接地杀伤肿瘤细胞。②NK细胞处于机体抗肿瘤的第一线，它无须抗原刺激即可先于T细胞而发挥作用，且具有较广的抗肿瘤效应。③激活的巨噬细胞通过ADCC作用和释放多种单核因子（如TNF-α、IL-1等）与致敏T细胞、抗肿瘤抗体、补体等协同杀灭肿瘤等。

第三节　运动对免疫功能的影响

运动必须讲求科学，无论进行哪种运动，都必须掌握适当的运动量。运动是一把双刃剑，对人体免疫功能的影响是双重性的，适度的运动或短时间中等强度的运动能够有益地提高机体的免疫功能；而长时间大强度运动或长期的强化训练，将会导致机体免疫机能抑制，增加患感染性疾病的危险。

一、不同运动强度对免疫功能的影响

（一）适量运动对免疫功能的影响

适量运动能较好地调节人体的免疫功能，提高机体的抗病能力，构筑人体强身抗病的长城。适当的运动通过神经和内分泌途径，对各个脏器及免疫功能进行调控，使机体各个系统的功能得以提高，使体质得到增强，抵抗疾病的能力自然增加。

1．适度运动对免疫细胞的影响

适度运动不仅可以增加免疫细胞的数量，而且能增强免疫细胞吞噬抗原的活性，如增加T细胞、B细胞的数目和功能，增加杀伤细胞的数目和活性，尤其是增强自然杀伤细胞的活性。

2．适度运动对免疫分子的影响

研究表明，适度运动可以增加机体内的抗体水平，改善免疫功能。

（二）大强度运动对免疫功能的影响

一次长时间的急性运动或长时间的大负荷运动能降低循环血液中淋巴细胞的数量和活性。

1．大强度运动对免疫细胞的影响

研究表明，大强度耐力运动后，淋巴细胞、自然杀伤细胞和中性粒细胞的数量、增殖能力和活性均有所降低。

2．大强度运动对免疫分子的影响

研究表明，过度训练会降低机体内的抗体水平。例如，以75%最大摄氧量强度运动1小时，尽管B细胞的数量在运动结束后并未变化，但是合成与分泌免疫球蛋白G、免疫球蛋白A、免疫球蛋白M等免疫球蛋白的功能在运动过程中或运动结束后明显降低，直至运动结束后一天才恢复正常。

二、运动性免疫抑制

（一）运动性免疫抑制现象

运动性免疫抑制是指大负荷运动后，由于过度运动负荷导致机体免疫机能下降的现象。主要来自流行病学的调查和实验研究，目前对运动性免疫抑制的机理还不很清楚。

（二）运动性免疫抑制理论模式

1．开窗理论模式

免疫抑制产生的机理通常用“开窗”理论来解释。当机体进行大强度急性运动或者身体素质较差的初始运动者进行中等强度运动时，运动会作为一种强烈的刺激作用于机体，机体就会产生强烈的应激反应，导致机体应激激素急剧升高，血液的动力学也发生改变，机体储存的淋巴细胞等免疫细胞快速动员入血，使得淋巴细胞的数量在运动期间急剧升高，淋巴细胞亚群比例也发生明显改变。运动结束后，淋巴细胞浓度下降，增殖分化能力及活性降低，免疫球蛋白含量及功能也受到影响，出现免疫低下期，表现为对疾病的易感率升高。据研究，受一次性急性运动的影响，免疫低下期可持续3~72小时不等。在这一免疫低下期，各种细菌、病毒等病原体极易侵入人体并导致疾病的发生。故一般形象地将这段免疫低下期称为“开窗”期，意为“免疫系统被打开了窗户，病原体可以较自由的进入”。

2．“J”形曲线模式

人体的免疫功能与运动量有密切关系。不运动者呈一般的自然免疫状态，大运动量者免疫机能会下降，而适当运动者免疫机能会增加。在研究了运动量与上呼吸道感染率之间的关系后发现，若以正常不运动者的上呼吸道感染率作为参照，适度运动者的感染率明显降低，而大运动量者上呼吸道感染率显著上升，三者相比，形成一条类似“J”字型的曲线。

（三）运动性免疫抑制的机制

1．神经–内分泌–免疫网络学说

免疫细胞上具有多种神经内分泌激素受体，运动时神经内分泌系统发生改变，从而使免疫系统发生相应的改变，他们相互作用构成了神经-内分泌-免疫系统网络，实现运动时对免疫系统的调控。当人体进行一次长时间的急性运动或长期过度训练时，下丘脑-垂体轴的免疫抑制部分就会被激活，释放一些免疫抑制激素，如促肾上腺皮质激素、糖皮质激素、儿茶酚胺等，产生免疫抑制。

2. 免疫抑制因子调控学说

研究表明，剧烈运动可以使体内产生免疫抑制因子，即免疫抑制蛋白，免疫抑制因子可抑制人体的免疫功能。

3. 自由基学说

急性运动中，机体代谢水平显著加强，伴之生成的氧自由基也会显著上升，这种升高现象在运动后仍会持续相当长时间。升高的氧自由基会通过攻击免疫细胞膜等途径破坏免疫细胞，形成免疫损伤，造成免疫抑制。此外，氧自由基也是机体重要的致疲劳原因。

4. 营养物质耗竭学说

超负荷的体育训练会导致体内糖元、谷氨酰胺以及一些微量元素如铁、锌、铜等的缺乏，而这些营养物质都是免疫细胞增殖和活化所需，他们的缺乏会降低人体的免疫功能。

5. 心理应激

精神免疫学的研究表明，心理应激会降低机体对疾病的抵抗力。在高负荷运动训练和竞赛的生理刺激和巨大心理压力的心理刺激的双重压力下，机体的免疫功能必然会下降。

（四）运动性免疫抑制的生理学意义

运动性免疫抑制虽然影响运动员的训练和比赛，但从保护身体健康和维护机体安全的角度讲，运动性免疫抑制具有非常重要的生理意义。

1. 保护机体安全

运动性免疫抑制的出现使机体不能将全部能量与潜能充分动员出来完成运动，这样就可以保护机体安全。

2. 保证训练后的恢复

运动性免疫抑制的程度与运动负荷、运动强度直接相关，尤其是与运动负荷的关系更为密切。因此，机体承受的运动负荷越大，遭受的免疫抑制程度就越厉害，解除免疫抑制所需时间也就越长，这样机体就会获得一个恢复期。正如患病时需要休息一样。

3．训练过度的信号

若机体在尚未恢复的情况下继续坚持训练，则会造成过度训练或过度疲劳。此时，机体免疫机能也会降至极低点，表现出身体抵抗力下降，易感率急剧上升，提示机体应该适时中止运动了，至少应该减少运动负荷了。

（五）运动性免疫抑制的调理

运动性免疫抑制现象会对训练和比赛造成极大影响，但却是机体维护自身健康和安全的保护性机制。如何进行适当的运动免疫调理，以改善运动与免疫功能的相互影响，提高运动员的竞技水平，一直以来都是研究的热点。

1．营养调理

营养调理主要是针对影响免疫机能的主要营养素来进行。营养调理主要包括补糖、补充谷氨酰胺和补充抗氧化物。

（1）补糖是目前国内应用较为广泛的免疫调理手段。运动时，血糖不仅是骨骼肌收缩的重要能源，而且也是免疫细胞的重要能源物质。因此，运动引起血糖浓度下降，会直接影响淋巴细胞和巨噬细胞的能源供应，继而使免疫机能下降。

（2）补充谷氨酰胺。谷氨酰胺是淋巴细胞和巨噬细胞的重要能源物质。长时间剧烈运动会导致血浆谷氨酰胺显著下降，而谷氨酰胺的生成部位在骨骼肌，支链氨基酸是肌细胞合成谷氨酰胺的重要来源，肌肉收缩时大量支链氨基酸经葡萄糖-丙氨酸循环，导致谷氨酰胺的合成不足。因而，免疫细胞利用谷氨酰胺的速率下降，进而影响到免疫细胞的机能。

（3）补充抗氧化物。大负荷运动会导致机体自由基堆积，而自由基不仅可以抑制免疫机能，而且可以导致疲劳发生。因此，补充抗氧化剂，不仅有助于调理免疫机能，而且有助于疲劳的消除和身体机能的恢复。

2．中医调理

中医中的中药是我国的宝贵资源，有其他调理手段无法比拟的优势。从中医的角度看，运动性免疫抑制主要归因于正不压邪、阴阳失调。因此，对免疫功能低下调理的基本思路是扶正祛邪，调整阴阳。我国许多学者在免疫机能的中药调理方面做了大量有益的探索，取得了一些前期成果。例如，万文君等人以优秀赛艇运动员为免疫调理对象，在维持运动员正常训练情况下，经过30d的中药调理，赛艇运动员的白细胞总数及其亚类发生了显著改观，白细胞总数、淋巴细胞总数、中性粒细胞总数均显著回升，主要免疫球蛋白IgG及重要补体C4也显著回升，表明以扶正补益为组方原则是可行的，可在运动实践中逐步推广。

3. 自我保护调理

运动员的自我保护调理在运动性免疫抑制的调理中发挥重要的作用。运动员的自我保护措施包括：保持心情舒畅，降低生活和精神压力；平衡膳食，食物要多样化；生活要有规律，保证充足的睡眠；降体重不宜过快；重大比赛前，尽可能避免与病人接触，尽可能不到人多的公共场所，减少感染的机会；根据身体状况及时调整自己的运动量和运动负荷。

复习题

1. 简述免疫系统的组成。
2. 简述免疫器官的组成。
3. 简述免疫系统的功能。
4. 简述运动对免疫功能的影响。

思考与讨论

体育锻炼与机体免疫系统的关系。

参考文献

[1] 张缨.实用运动免疫学[M].北京：北京体育大学出版社，2005.
[2] 王杨，张玲. 医用运动生理学[M]. 北京：中国医药科技出版社，2010.
[3] 金伯泉. 细胞和分子免疫学[M]. 北京：世界图书出版公司，1998.
[4] 龚非力.医学免疫学[M].北京：科学出版社，2012.
[5] 何维. 医学免疫学[M]. 北京：人民军医出版社，2005.
[6] 邱娟，韩笑，王立刚.运动训练的生理学研究[M].长春：吉林大学出版社，2013.

第三章 抗 原

教学目标

掌握抗原的分类以及对人体重要的抗原；了解抗原特异性的重要意义。

相关概念

抗原（Antigen）：抗原是指能刺激机体免疫系统产生抗体或致敏淋巴细胞并能与产生的抗体或致敏淋巴细胞发生特异性结合的物质。

完全抗原（Complete Antigen）：既具有免疫原性，又具有抗原性的抗原，叫完全抗原。绝大多数天然抗原都是完全抗原。

半抗原（Hapten）：只具有抗原性（免疫反应性）的物质称为半抗原，如药物。半抗原与大分子载体结合后可变成完全抗原。一些比一般的半抗原分子量小，但有特异结构的化学基团（如青霉素，磺胺剂等）的简单半抗原，进入过敏的机体，能与体内的组织蛋白结合，成为完全抗原，从而引起超敏反应。

载体（Carrier）：赋予半抗原免疫原性的物质称为载体。

抗原决定基（Antigenic Determination）：被T细胞受体和B细胞受体特异性识别的抗原结构部分称为抗原决定基。

抗原的异物性（Foreignness）：是指化学结构与宿主的自身成分相异或机体的免疫细胞从未与它接触过的物质。

抗原的特异性（Antigenic Specifity）：是指刺激机体产生免疫应答及其与应答产物发生反应所显示的专一性，由抗原分子中的抗原表位所决定。

免疫耐受（Immunological Tolerance）：是指机体免疫系统接受某种抗原作用后产生的特异性无免疫应答状态，也称负免疫应答。

免疫抑制（Immunosuppression）：指机体对任何抗原均不反应或反应减弱的非特异性免疫无应答或减弱状态。主要由两方面原因引起：一方面是由遗传所致免疫系统缺陷或免疫功能障碍；另一方面是应用免疫抑制药物、放射线或抗淋巴细胞血清等影响免疫系统功能正常发挥。

共同抗原（Common Antigen）：也叫交叉抗原（Cross Antigen），指不同抗原分子之间具有的相同或相似的抗原决定基，称为共同抗原。

交叉反应（Cross Reaction）：某种抗血清（抗体）与具有某种相同或相似抗原表位的他种抗原发生的反应，称为交叉反应。

胸腺依赖性抗原（Thymus Dependent Antigen,TD-Ag）：是指需在T细胞辅助及巨噬细胞参与下才能激活B细胞产生抗体的抗原性物质，绝大多数的天然抗原都是胸腺依赖性抗原。

胸腺不依赖性抗原（Thymus Independent Antigen,TI-Ag）：又称T细胞非依赖性抗原，他们刺激B细胞产生抗体无需Th细胞辅助。

异种抗原（Xenogenic Antigen）：是指来自其他物种的抗原性物质，如微生物，外毒素等。

同种异型抗原（Allogeneic Antigen）：是指同一种属不同个体间所具有的抗原性物质。人类同种异型抗原主要包括：ABO血型抗原、人类主要组织相容性抗原、免疫球蛋白同种异型抗原。

自身抗原（Autoantigen）：是指能够诱导机体发生自身免疫应答或自身免疫性疾病的自身组织成分，主要包括隐蔽或改变的自身抗原。

隐蔽抗原（Sequestered Antigen）：是指正常情况下，体内与免疫系统隔绝，即从未与免疫细胞接触过的某些自身组织成分。

内源性抗原（Endogenous Antigen）：病毒感染抗原提呈细胞后可在抗原提呈细胞内合成新的病毒抗原，肿瘤细胞内也可合成肿瘤抗原，这一类抗原称为内源性抗原。

外源性抗原（Exogenous Antigen）：大部分抗原如细菌蛋白等为外源性抗原，通过胞吞、胞饮和受体介导内吞等作用进入抗原提呈细胞内。

第一节 概 述

一、抗 原

抗原是指能刺激机体免疫系统产生抗体或致敏淋巴细胞并能与产生的抗体或致敏淋巴细胞发生特异性结合的物质。抗原有外来抗原，如病原体、寄生虫、花粉、异型红细胞、异体组织、异种动物的血清；也有自身抗原，如自身突变的成分、自身隐蔽的成分。

二、抗原的基本特性

抗原一般具有免疫原性和抗原性两种特性。同时具有免疫原性和抗原性的物质称为完全抗原或免疫原。只具有抗原性的物质称为半抗原。半抗原与大分子载体结合后可变成完全抗原。

抗原的免疫原性是指抗原能刺激机体免疫系统产生抗体和效应淋巴细胞的特性。抗原的抗原性，也叫免疫反应性，是指抗原能与相应的抗体或效应细胞特异性结合，产生免疫效应的能力。

第二节 影响抗原免疫原性的因素

免疫原性是判断一种物质是否为抗原的关键。机体对不同抗原的适应性免疫应答的类型及强度、不同个体对同一抗原的适应性应答的强度都不完全相同，有时差异很大。抗原的免疫原性不仅取决于抗原本身的性质，同时也与宿主的特性、免疫方式等密切相关。

一、抗原的异物性

正常个体在淋巴细胞发育早期已诱导了对自身抗原的特异性免疫无反应，即免疫耐受。因此，正常个体对自身来源的抗原不产生免疫应答，能诱导产生免疫应答的一定是非己异物，即化学结构与宿主的自身成分相异或机体的免疫细胞从未与它接触过的物质。不仅包括来自体外的非己抗原物质，还包括某些自身物质。具备异物性的物质包括以下三类：①异种物质，如异种动物的血清蛋白、各种微生物及其代谢产物。②同种异（型）体物质，如ABO血型抗原。③自身物质，如自身组织成分结构改变、隐蔽性自身成分暴露。

二、抗原的理化特性

（一）化学性质

天然抗原多为大分子的有机物和蛋白质，这类物质抗原性强。糖蛋白、脂蛋白和复杂多糖、脂多糖也具有免疫原性，DNA免疫原性微弱，单糖、简单多糖则不具免疫原性。

（二）分子大小

一般来说，抗原分子量越大，含有的抗原决定基越多，结构越复杂，而且在体内不容易被降解，能持续刺激免疫细胞，故免疫原性越强。一般相对分子量大于10KD的抗原为强抗原，小于10KD大于4KD的为弱免疫原，而小于4KD的通常无免疫原性。

（三）化学组成和结构

相对分子质量大小并非决定抗原免疫原性的绝对因素，还要求抗原分子具有一定的化学组成和结构。例如，明胶其分子量高达10万，但因其缺乏复杂结构导致其抗原性很弱。相反，胰岛素相对分子质量仅为57000，但因含复杂结构的芳香族氨基酸，而有较强的免疫原性。此外，抗原除要求有较大的分子和复杂的结构外，其复杂的化学基团还必须暴露在复合分子的表面上，才能显示出其免疫原性。总之，如果仅有一定的化学组成与结构而分子量不够大，或虽为高分子，但无环状结构的物质，它们一般均无免疫原性。

（四）分子构象和易接近性

抗原表位的整体空间构象极大程度上影响抗原的免疫原性，它决定抗原能否与相应淋巴细胞表面的抗原受体互相吻合，从而启动免疫应答。抗原分子立体结构的改变，可以改变其抗原特异性甚至免疫原性。此因素主要影响B细胞免疫。抗原表位所处位置不同，使其与B细胞受体之间的可接近性不同，免疫原性也不同。

（五）物理状态

通常聚合状态的蛋白质较单体免疫原性更强；颗粒性抗原较可溶性抗原的免疫原性更强。若将免疫性弱的抗原吸附在颗粒状物质的表面或组装为颗粒性物质，可显著增强其免疫原性。

三、机体的反应性

（一）宿主的遗传性

人群对某种抗原应答能力所呈现的个体差异和遗传因素有关，受多种遗传（基因）特别是MHC基因的控制。

（二）宿主的年龄、性别和健康状态

抗原的免疫原性与宿主的年龄、性别和健康状态有关。一般青年大于幼年和老年；女性大于男性；身体强壮的大于体弱多病的；怀孕的小于未怀孕的。

四、免疫方法的影响

抗原进入机体的剂量、抗原进入机体的途径、免疫的次数以及间隔时间等均影响机体对抗原的免疫应答。适中的抗原剂量能诱导免疫应答，而过高或过低的抗原剂量则诱导免疫耐受；皮下或肌肉注射可将抗原引入淋巴结，易诱导免疫应答；口服抗原易在胃肠内被降解，因此不能诱导免疫应答，而易引起免疫耐受。适当的间隔可诱导较好免疫应答，而少量多次注射抗原则有助于诱导免疫耐受。

五、免疫佐剂的应用

（一）免疫佐剂

免疫佐剂（Immunoadjuvant）是指那些先于抗原或与抗原同时注入机体，可增

强机体对该抗原的特异性免疫应答或改变免疫应答类型的非特异性免疫增强物质。

（二）免疫佐剂的类型

1. 生物性佐剂

例如，卡介苗、脂多糖、细胞因子等。

2. 无机化合物

例如，氢氧化铝。

3. 人工合成物

例如，模拟细菌来源的低甲基化CpG寡核苷酸等。

4. 矿物油和脂质体等有机物

例如， 可与抗原形成油水复合物，促使抗原缓释。

（三）免疫佐剂的作用机制

免疫佐剂作为非特异性免疫增强剂，不仅已被广泛应用于预防接种疫苗的成分配制，而且可用于抗肿瘤与抗感染的辅助免疫治疗手段。其具体作用机制体现在：①改变抗原的物理形状，延缓抗原降解，延长抗原在体内的潴留时间；②刺激单核-巨噬细胞系统，增强抗原提呈；③刺激局部炎症反应使更多吞噬细胞和淋巴细胞浸润；④刺激淋巴细胞的非特异增殖和分化，加强免疫应答。

第三节　抗原的特异性与交叉反应

抗原特异性是指一种抗原只能刺激机体产生针对该抗原的特异性活化T/B细胞或抗体，且被活化的免疫应答产物即淋巴细胞或抗体只能与该抗原发生特异性结合，而不能与其他抗原发生结合，这种抗原与特异性免疫应答产物之间的专一性，即为抗原的特异性，如图3-1所示。抗原的特异性包括免疫原性的特异性和免疫反应性的特异性。免疫原性的特异性是指某种抗原只能刺激机体产生某种特定的应答产物。例如，用伤寒杆菌免疫动物能只能产生抗伤寒杆菌的抗体。免疫反应性的特异性是指抗原只能与其相应的抗体或致敏淋巴细胞结合。例如，伤寒杆菌只能与抗伤寒杆菌抗体结合。

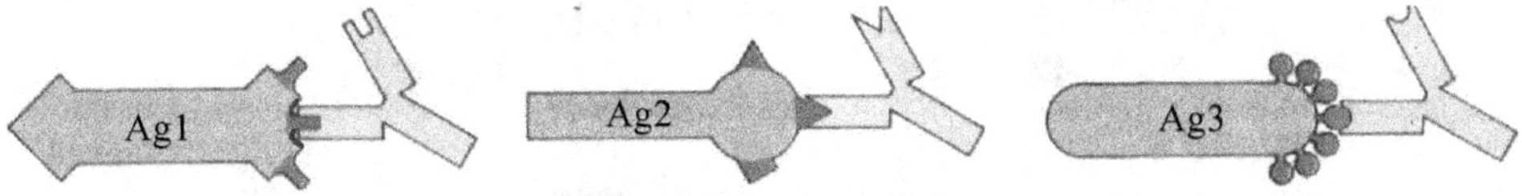

图3-1 抗原特异性示意图

一、抗原表位

一种抗原之所以能特异性地活化某一T细胞或B细胞克隆，是由于该T、B细胞的受体高度特异性地识别该抗原分子中的一段独特的分子序列，而该T、B细胞活化后产生的活化T细胞和抗体，也高度特异地与这段独特分子序列相结合，这段独特分子序列就是抗原表位（Antigen Epitope），也称抗原决定基（Antigenic Determinant）。抗原可通过表面抗原决定基与相应淋巴细胞表面抗原受体结合而激活免疫应答，也可通过表面抗原决定基与相应抗体或致敏淋巴细胞特异性结合而发生免疫反应。因此，抗原决定基是免疫应答和免疫反应具有特异性的物质基础。抗原决定基通常由5~17个氨基酸残基或5~7个多糖残基或核苷酸组成，是T细胞、B细胞和抗体识别、结合的基本单位。

二、共同抗原和交叉反应

抗原的特异性是相对的，因为天然的抗原分子表面可存在着多种表位，不同的抗原分子表面存在相同或相似的表位，可引起交叉反应。

（一）共同抗原

大分子蛋白质抗原中通常含多个抗原表位，而不同蛋白质抗原间可能含有相同或相似的抗原表位，称为共同表位。含共同抗原表位的不同抗原称为共同抗原（Common Antigen）。如图3-2所示：A抗原与B抗原具有相同的表位1，所以A抗原与B抗原是共同抗原。

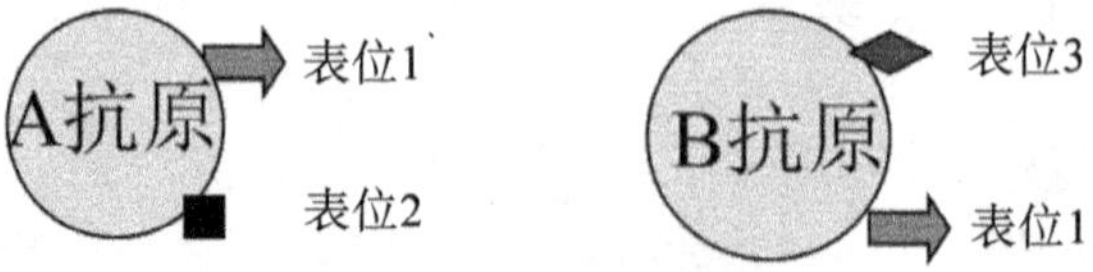

图3-2　共同抗原示意图

（二）交叉反应

1. 交叉反应

某个抗原诱导产生的特异性抗体或活化淋巴细胞，不仅可与该抗原的抗原表位特异性结合，还可与其他抗原中相同或相似的表位结合，称为交叉反应(Cross-Reaction)。可见交叉反应是具有相同或相似表位的抗原之间出现的反应。例如，由甲乙两种细菌刺激机体产生的抗体不仅可分别与其自身表面的相应抗原表位结合，而且由甲菌刺激机体产生的抗体或活化淋巴细胞还能与乙菌表面的相同表位结合；同样，由乙菌刺激机体产生的抗体或淋巴细胞也可与甲菌表面的相同表位结合，但反应程度较弱。

2. 交叉反应的意义

①可以利用能引起交叉反应的无害微生物抗原刺激产生的抗体来对抗顽固的有害微生物；②用于疾病诊断：如外斐反应。某些变形杆菌菌株的菌体耐热多糖与斑疹伤寒等立克次体有共同抗原成分，能与抗立克次体抗体发生交叉凝集反应，由于变形杆菌易于培养，因此，用这些变形杆菌菌株的抗原代替立克次体抗原与患者血清做试管凝集反应，称外斐反应。外斐反应用以检查血清中有无相应的抗立克次体抗体，辅助诊断立克次体病。

第四节　抗原的分类

抗原性物质种类繁多，来源广泛，化学组成不一，结构复杂，诱导免疫应答所需的细胞也不相同。依据不同的标准，所得到的的分类结构也不同。

一、按性能分类

（一）完全抗原

同时具有免疫原性与免疫反应性的抗原，称为完全抗原，如大多数蛋白质、细菌、病毒、细菌外毒素、动物血清等。既能刺激机体产生抗体或致敏淋巴细胞，并能与其在体内、体外发生特异性结合反应。

（二）不完全抗原

不完全抗原亦称半抗原，是指那些没有免疫原性的抗原。不完全抗原一般为分子量较小的多糖类脂蛋白，当它与蛋白质（作为载体）结合后，可获得“免疫原性”而成为完全抗原。例如，青霉素就是一种半抗原，它可以与一些人身体内的蛋白质结合，引起有害的甚至危及生命的免疫反应，即超敏反应。

二、按亲缘关系分类

（一）异种抗原

异种抗原是指来自另一物种的抗原物质。例如，植物花粉，异种动物血清，各种微生物等对人而言均为异种抗原。

（二）异嗜性抗原

一类与种属无关，存在于人、动物及微生物之间的共同抗原，最初由Forssman发现，故命名为Forssman抗原。例如，乙型溶血性链球菌的成分与人肾小球基底膜及心肌组织具有共同抗原，故链球菌感染机体产生的抗体可与人体的心、肾组织发生交叉反应，导致肾小球肾炎或心肌炎。

（三）同种异型抗原

同种异型抗原是指来自同种生物而基因型不同的个体的抗原物质。例如，人类红细胞血型抗原及其组织相容性抗原等。人类的同种异型抗原主要有：HLA抗原、ABO抗原、Ig的同种异型抗原、Rh抗原等。

（四）自身抗原

能引起自身免疫应答的自身组织成分被称为自身抗原。正常情况下，机体对自身组织和体液成分处于免疫耐受状态，而当自身耐受被打破时，可引起自身免疫应答。

自身抗原的形成主要有两种原因。一是隐蔽抗原释放：如眼睛晶状体、精子等因外伤手术等释放入血。二是自身抗原被修饰：如自身组织成分因感染、药物、辐射而变性。

（五）独特型抗原

独特型抗原是一种特殊的自身抗原，存在于抗体分子的超变区。用同源抗体（如单克隆抗体）作为免疫原，可刺激同种动物产生与抗体单一超变区发生反应的抗体，这说明该部位的抗原决定基的存在。此种决定基通常在任何动物都是极少量存在，不能诱导自身耐受性产生。存在于抗体分子上的单一决定基称为独特位，带有相同独特位点全部抗体分子即属于相同的独特型。独特型抗原与B细胞的功能调节有关。通过抗原受体的独特型也可介导淋巴细胞功能网络调节。

三、按诱生抗体时是否需要Th细胞参与进行分类

（一）胸腺依赖性抗原

胸腺依赖性抗原是指需在T细胞辅助及巨噬细胞参与下才能激活B细胞产生抗体的抗原性物质。绝大多数的天然抗原都是胸腺依赖抗原。胸腺依赖抗原不仅能引起体液免疫应答，也能引起细胞免疫应答，产生的抗体以免疫球蛋白G（IgG）为主，同时也可以产生其他类别的抗体。胸腺依赖抗原可以产生免疫记忆。

（二）胸腺非依赖性抗原

胸腺非依赖性抗原是指不需要T细胞辅助，就能直接刺激B细胞增殖、分化、产生抗体的抗原性物质，此种抗原种类较少。胸腺非依赖性抗原只引起体液免疫应答，只刺激B细胞产生免疫球蛋白M（IgM）类抗体。胸腺非依赖性抗原无免疫记忆。

（三）超抗原

超抗原是一类针对T细胞有强烈刺激作用的蛋白质，主要是一些细菌代谢产物和逆转录病毒基因产物。超抗原无严格的抗原特异性，只需极低浓度就可激活T细胞，产生很强的免疫应答。

四、按是否在抗原提呈细胞内合成分类

（一）外源性抗原

外源性抗原是指抗原提呈细胞从外部摄取的，存在于细胞囊膜系统内的蛋白质抗原。主要指专职抗原提呈细胞摄取、处理、提呈的外源蛋白质。大部分细菌蛋白为外源性抗原，通过胞吞、胞饮和受体介导内吞等作用进入抗原提呈细胞内。

（二）内源性抗原

内源性抗原是指在抗原提呈细胞内合成的，存在于胞浆内的蛋白质抗原。例如，病毒感染抗原提呈细胞后可在抗原提呈细胞胞内合成新的病毒抗原，肿瘤细胞内也可合成肿瘤抗原。

第五节　对人类重要的抗原

一、病原微生物及其代谢产物

（一）病原微生物

例如，细菌、病毒、螺旋体，对机体有较强的免疫原性。

（二）细菌的代谢产物

外毒素：细菌在生长过程中分泌到细胞外的毒性物质。

类毒素：外毒素经0.3%~0.4%的甲醛处理后，使其失去毒性而保留免疫原性的物质。

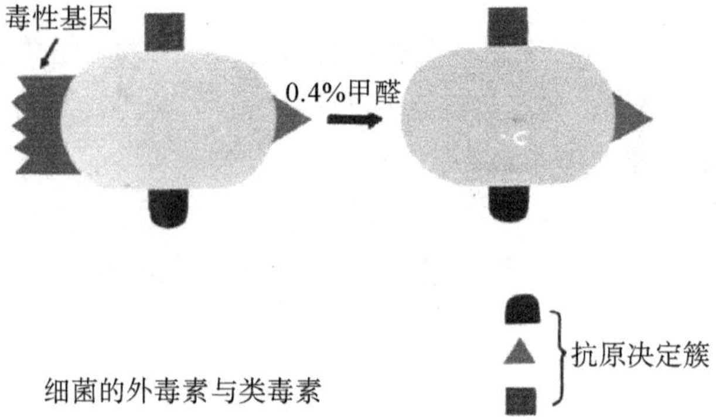

图3-3　细菌的外毒素与类毒素

二、动物免疫血清

用类毒素免疫动物后，动物的血清中可含有大量的抗毒素，即动物的免疫血清。

动物免疫血清具有双重性：它含有特异性抗体，可以中和相应的毒素达到防病治病的目的，但是动物血清是具有抗原性的异种蛋白，有可能引起超敏反应的发生。

三、异嗜性抗原

又称Forssman抗原，指一类与种属无关，存在于人、动物、植物和微生物之间的共同抗原。例如，溶血性链球菌/人肾小球基底膜之间的共同抗原。

异嗜性抗原在医学实践中的意义较大，表现为临床上常用异嗜性凝集反应辅助诊断疾病。例如，引起原发性非典型肺炎的肺炎支原体与MG株链球菌间有异嗜性抗原。此外，异嗜性抗原和某些疾病的发生有关。例如，A族溶血性链球菌细胞壁的多糖抗原与心瓣膜的糖蛋白有共同抗原，链球菌的M蛋白与心肌成分有共同抗原，因此，感染该菌可引起风湿性心脏病。

四、同种异型抗原

同一种属不同个体之间存在的抗原，如人类红细胞、白细胞和免疫球蛋白上都带有同种异型抗原。

（一）ABO血型抗原

ABO血型抗原是根据人类红细胞表面所含有的 A、 B 抗原的不同，将人类血型分为A、 B、 AB和O四种血型。 如图3-4所示，A型和B型红细胞上分别有A抗原和B抗原；AB型红细胞上有A、B两种抗原；O型红细胞上不含A、B抗原，但含有A、B 抗原的前体物质-H 抗原。同一人血清中不含与本人血清抗原相应的抗体。A血型人血清中含有抗B抗体，B血型人血清中含有抗A抗体，AB血型人血清中既无抗 A抗体又无抗B抗体， O血型人血清中既有抗A抗体又有抗 B抗体。

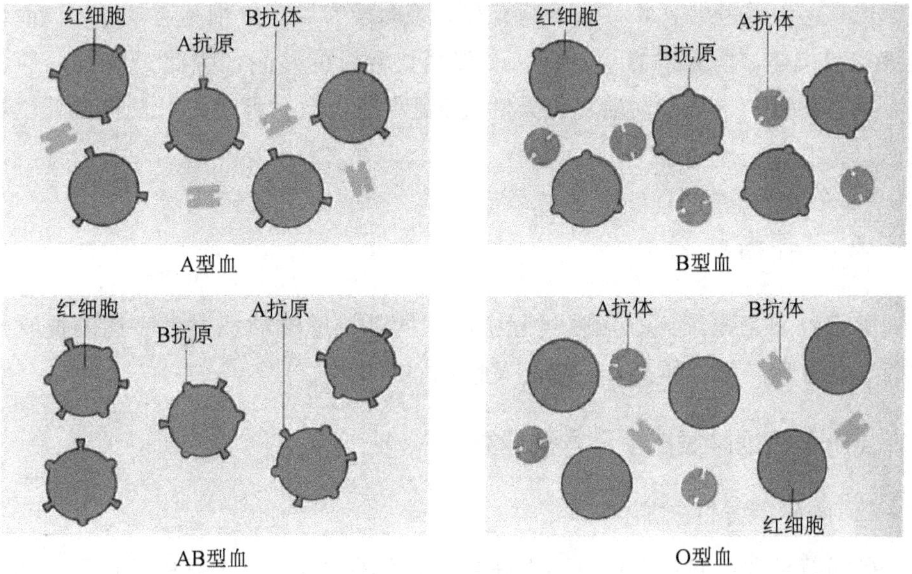

图3-4 人类ABO血型系统

（二）Rh血型系统

Rh血型系统（Rhesus），意为恒河猴血型系统，重要性仅次于ABO血型系统，主要指人类红细胞表面有无“RhD抗原”。Rh血型系统一般不存在天然抗体，故第一次输血时不会发现Rh血型不合。但Rh阴性的受血者接受了Rh阳性血液后，可产生免疫性抗Rh抗体，如再次输受Rh阳性血液时，即可发生溶血性输血反应。

随着对Rh血型研究的不断深入，认为Rh血型系统可能是红细胞血型中最为复杂的一个血型系统。Rh血型的发现，对更加科学地指导输血工作和进一步提高新生儿溶血病的实验诊断和维护母婴健康，都有非常重要的作用。根据有关资料介绍，Rh阳性血型在我国汉族及大多数民族人中约占99.7%，个别少数民族约为90%。在国外的一些民族中，Rh阳性血型的人约为85%，其中在欧美白种人中，Rh阴性血型人约占15%。

Rh阴性的母亲怀有Rh阳性的胎儿时，阳性胎儿的少量红细胞或D抗原可以进入母体，通过免疫反应，产生免疫抗体，主要是抗D抗体。这种抗体可以透过胎盘进入胎儿的血液，可使胎儿的红细胞发生凝集和溶血，造成新生儿溶血性贫血，严重时可致胎儿死亡。一般只有在分娩时才有胎儿红细胞进入母体，而母体血液中的抗体浓度是缓慢增加的，一般需要数月的时间，因此，当Rh阴性母亲生育第一胎后，常规及时输注特异性抗D免疫球蛋白，可防止Rh阳性胎儿红细胞致敏母体。

五、肿瘤抗原

肿瘤抗原是指细胞在癌变过程中出现的新抗原物质或过度表达的抗原的总称。包括肿瘤特异性抗原和肿瘤相关性抗原两大类。

（一）根据肿瘤抗原特异性分类

1. 肿瘤特异性抗原

肿瘤特异性抗原是指仅表达于肿瘤组织而不存在正常组织中的抗原，如，化学或物理因素诱生的肿瘤抗原、自发肿瘤抗原和病毒诱导产生的肿瘤抗原。

2. 肿瘤相关性抗原

肿瘤相关性抗原是指非肿瘤细胞所特有，正常细胞也可表达的抗原，但在肿瘤细胞异位表达或出现量的改变。只是出现量的变化，如胚胎性抗原、某些糖蛋白抗原属此类抗原。

（二）根据肿瘤抗原诱发和产生情况分类

1. 化学或物理因素诱发的肿瘤抗原

化学致癌剂或物理因素(如紫外线)可随机诱发某些基因突变而导致肿瘤形成。这种肿瘤抗原特异性高而抗原性弱。

2. 病毒诱发的肿瘤抗原

某些病毒感染机体后，可将其DNA或RNA整合至宿主细胞基因组DNA中，从而诱导宿主细胞癌变并表达相应病毒基因编码产物。由病毒诱发的肿瘤抗原与理化因素诱发的肿瘤抗原不同，即由同一种病毒诱发的肿瘤，不论其来源和类型，均表达相同的肿瘤抗原，即无种属和组织特异性。但由不同病毒诱生的肿瘤抗原的分子结构及生物学特性各异，即具有肿瘤特异性。病毒诱发的肿瘤抗原免疫原性较强，可刺激机体产生免疫应答，如乙型或丙型肝炎病毒与原发性肝癌有关。

3. 自发性肿瘤抗原

自发性肿瘤是指一些无明确诱发因素、发生机制尚未阐明的肿瘤，大多数人类肿瘤属于自发性肿瘤。在基因突变产生的自发性肿瘤中，有些与理化因素诱发的肿瘤类似，有些则类似于病毒诱发的肿瘤，有些则为异位或过度表达某些正常组织成分，胃癌细胞可表达ABO血型抗原。

4. 胚胎抗原

在胚胎发育阶段，由胚胎组织产生的正常成分，在胚胎后期减少，出生后逐渐消失，当细胞癌变时，此类抗原重新合成，如甲胎蛋白和胚癌抗原。

5. 分化抗原

是细胞在特定分化阶段表达的抗原，不同来源或处于不同分化阶段的细胞均可表达不同的分化抗原，为特定组织类型以及正常分化的特定阶段所特有。

复习题

1. 什么是抗原的特异性？
2. 何为共同抗原和交叉反应？
3. 抗原是如何分类的？

4. 对人类重要的抗原有哪些?

思考与讨论

运动是否影响抗原的基本性质。

参考文献

[1] 利迪亚德.免疫学[M].林慰慈,魏雪涛,薛彬,等译.北京:科学出版社,2010.
[2] 张缨.实用运动免疫学[M].北京:北京体育大学出版社,2005.
[3] 孙汶生.医学免疫学[M].北京:高等教育出版社,2010.
[4] 陈慰峰.医学免疫学[M].北京:人民卫生出版社,2006.
[5] 马兴铭,丁剑冰. 医学免疫学[M].北京:清华大学出版社,2013.
[6] 何维. 医学免疫学[M]. 北京:人民军医出版社,2005.

第四章 运动与免疫细胞

教学目标

掌握免疫细胞的类型；各类免疫细胞的功能；运动对各种免疫细胞数量和免疫功能的影响。

相关概念

免疫细胞（Immune Cell）：泛指参与免疫应答或与免疫应答有关的细胞及其前身。根据参与免疫应答的不同可分为固有免疫细胞和特异性免疫细胞两大类。

细胞增殖（Cell Proliferation）：通过细胞分裂增加细胞数量的过程，是生物繁殖的基础，也是维持细胞数量平衡和机体正常功能所必需。

细胞凋亡（Apoptosis）：是指为维持机体内环境稳定，由基因控制的细胞自主的有序的死亡。与细胞坏死不同，细胞凋亡不是一个被动的过程，而是一个主动的过程。

内啡肽（Endorphin）：亦称安多芬或脑内啡，是一种内源性（脑下垂体分泌）的类吗啡生物化学合成激素，能与吗啡受体结合，产生跟吗啡、鸦片剂一样的止痛和欣快感，是天然的镇痛剂。

儿茶酚胺（Aatecholamine）：是一种含有儿茶酚和胺基的神经类物质，儿茶酚和胺基通过L-络氨酸在交感神经、肾上腺髓质和亲铬细胞位置的酶化步骤结合。包括去甲肾上腺素（NAd）、肾上腺素(Ad)和多巴胺（DA）三大类。

皮质醇(Cortisol)：是从肾上腺皮质中提取出的对糖类代谢具有最强作用的肾上腺皮质激素，即属于糖皮质激素的一种，通过肾上腺皮质线粒体中的11β-羟化酶的作用，由11-脱氧皮质醇生成。

抗原识别（Antigen Recognition）：B细胞受体、T细胞受体通过高度互补的分子结构分别与抗原或抗原肽-MHC分子复合物特异性结合，从而使相应T细胞、B细胞克隆发生激活和增殖。

自由基（Free Radical）：机体氧化反应中产生的有害化合物，具有强氧化性，可损害机体的组织和细胞，进而引起慢性疾病和衰老效应。

免疫细胞泛指参与免疫应答或与免疫应答有关的细胞及其前身。根据参与免疫应答的不同可将免疫细胞分为固有免疫细胞和特异性免疫细胞。其中，固有免疫细胞包括吞噬细胞、树突状细胞、自然杀伤细胞、嗜酸性粒细胞、嗜碱性粒细胞；特异性免疫细胞包括T淋巴细胞和B淋巴细胞。

第一节　运动与固有免疫细胞

执行非特异性免疫功能的免疫细胞称固有免疫细胞。主要包括：吞噬细胞（中性粒细胞和单核-巨噬细胞）、树突状细胞、自然杀伤细胞、具有固有免疫特异性的T细胞和B细胞、其他固有免疫细胞、嗜碱性粒细胞（肥大细胞）、嗜酸性粒细胞等。固有免疫细胞发挥非特异性免疫保护作用，同时在适应性免疫应答过程中也具有重要作用。运动可以引起固有免疫细胞的变化，从而使机体发生免疫功能的改变，但是由于个体差异性和不同的运动刺激导致机体产生的应激改变也不尽相同。

一、运动与吞噬细胞

（一）吞噬细胞

吞噬细胞是最早发现的免疫细胞，具有抗感染、抗肿瘤和介导炎症发生等重要功能。主要包括中性粒细胞和单核/巨噬细胞。

1．中性粒细胞

中性粒细胞主要存在于循环血液内，占血液白细胞总数的60%~70%，是血液中含量最多的白细胞。在趋化因子作用下，中性粒细胞可迅速穿过血管壁到达感染部位，活化的中性粒细胞可释放大量炎症因子，损伤周围组织细胞，介导炎症发生。

2．单核/巨噬细胞

单核细胞存在于血液中，当其出血管进入组织中则称为巨噬细胞。单核细胞来源于骨髓，占血液白细胞总数的3%~8%，其体积较淋巴细胞略大，胞质中含有溶酶体颗粒，单核细胞在血液中停留时间较短（12~24h），有较强的变形能力，进入组织中成为巨噬细胞后有较强的吞噬、杀伤、清除病原体等抗原性异物的能力。

（二）吞噬细胞的免疫功能

1．巨噬细胞的免疫功能

①识别、清除病原体等抗原性异物：巨噬细胞对病原体等抗原性异物的识别是非特异性的，巨噬细胞与病原体等抗原性异物结合后，经吞噬或吞饮作用将病原体等摄入胞内形成吞噬体。在吞噬体内，可通过氧依赖和氧非依赖杀菌系统杀伤病原体，当溶酶体与吞噬体融合形成吞噬溶酶体后，在多种水解酶的作用下，可进一步使病原体消化降解，同时形成一些具有免疫原性的小分子抗原肽段。②参与和促进炎症反应：当巨噬细胞被募集到感染部位后可被活化，活化的巨噬细胞通过释放趋化性细胞因子，一方面，募集、活化更多的巨噬细胞、中性粒细胞和淋巴细胞，增强抗感染免疫作用；另一方面，通过分泌多种促炎性细胞因子和多种补体成分等参与和促进炎症反应。③对肿瘤和病毒感染等靶细胞的杀伤作用：静息巨噬细胞本身杀瘤作用微弱，但被脂多糖或一些细胞因子激活后，能有效杀伤肿瘤和病毒感染的组织细胞。④加工提呈抗原，启动特异性免疫应答：巨噬细胞是专职抗原提呈细胞，可将摄入的外源性和内源性抗原加工处理为具有免疫原性的小分子肽段，并以抗原肽-MHCII/I类分子复合物的形式表达于巨噬细胞的表面，供CD^{4+}和CD^{8+}T细胞识别。当T细胞通过表面TCR-CD3复合物受体分

子和CD4+/CD8+辅助受体分子与巨噬细胞表面相应抗原肽-MHCII/I类分子复合物结合相互作用后，可诱导T细胞产生活化第1信号；在此基础上，巨噬细胞通过表面B7和ICAM-1等黏附分子与T细胞表面相应黏附分子CD28 和LFA-1等分子结合相互作用，可产生共刺激信号（即T细胞活化第2信号），使T细胞活化，启动特异性免疫应答。⑤免疫调节作用：活化的巨噬细胞可通过分泌多种细胞因子，发挥广泛的免疫调节作用。

2．中性粒细胞的免疫功能

①在趋化因子作用下，中性粒细胞可迅速穿过血管壁到达感染部位，可通过膜上的受体识别细菌脂多糖、肽聚糖等异物而产生吞噬杀伤作用；②中性粒细胞表面有抗体Fc受体和补体受体，通过结合IgG、C3b等分子而介导调理吞噬作用；③活化的中性粒细胞可释放大量炎症因子，损伤周围组织细胞，介导炎症发生。

（三）运动对吞噬细胞的影响

1．运动对中性粒细胞的影响

研究证实，不同运动项目对中性粒细胞的影响不一样。例如，短时间运动、长时间马拉松运动或高强度的足球比赛都能引起机体中性粒细胞数量的急剧升高，同时中性粒细胞的趋化、吞噬和杀菌作用也提高。而 20km 耐力运动后，中性粒细胞的杀菌能力下降，运动后3天才恢复正常。此外，运动后中性粒细胞数量的恢复与运动强度和持续时间有关，运动强度越大，持续时间越长，中性粒细胞恢复速度越慢。

2．运动对单核／巨噬细胞的影响

运动对巨噬细胞功能的影响，受运动引起的交感神经系统和下丘脑-垂体-肾上腺轴作用的影响。①运动对单核/巨噬细胞数目的影响：急性运动可使外周血单核细胞数目暂时增加50%~100%，而随着运动时间的延长，成熟单核细胞有可能迁移出血管。急性运动引起单核细胞增多的可能原因是由于血管血流力学的改变或者由儿茶酚胺介导的单核细胞与内皮细胞相互作用的变化引起的。巨噬细胞几乎分布在机体的各个组织中，一部分定居于组织器官中的巨噬细胞成为组织特异性的巨噬细胞，如尘细胞、破骨细胞、肾小球系膜细胞等。定居组织中的巨噬细胞一般不再返回血液。组织巨噬细胞量化还没有得到广泛研究，但是有研究发

现，在炎症期间，力竭性运动能够大量减少因细菌引发的巨噬细胞增加。在炎症和肿瘤发生的位置，运动引起的单核细胞在数目或类型上的变化可能比短暂的血液单核细胞的变化更有意义，当然这需要进一步的研究证明。②运动对单核/巨噬细胞功能的影响：中等强度和力竭运动都能提高腹膜巨噬细胞的功能，包括趋化性、粘附作用、吞噬作用以及抗肿瘤能力等，其机制不是由于细胞数目的改变，而部分是与受活化的巨噬细胞产生的一些细胞因子有关。耐力运动对巨噬细胞功能的影响的研究并不多，这是因为运动训练可能会引起巨噬细胞种类在表现型和功能型上的不同。有研究表明，耐力性运动可以提高巨噬细胞的增殖能力和吞噬作用。

二、运动与树突状细胞

（一）树突状细胞

树突状细胞广泛分布于脑以外的全身组织和脏器，数量较少，仅占人外周血单个核细胞的1%，因具有许多分枝状突起而得名，是目前所知功能最强的抗原提呈细胞。

（二）树突状细胞的免疫功能

树突状细胞是目前所知的功能最强的专职抗原提呈细胞，也是唯一能诱导初始T细胞活化的抗原提呈细胞，是适应性免疫应答的启动者。树突状细胞的主要功能是摄取、加工处理和提呈抗原，启动特异性免疫应答。此外，树突状细胞也是体内重要的免疫调节细胞，可通过分泌不同的细胞因子参与固有和适应性免疫应答。

（三）运动对树突状细胞的影响

运动可以增加树突状细胞的数量，主要和运动时血流的重新分配有关。此外，运动可以增加树突状细胞与病原体的接触机会，从而提高树突状细胞捕获抗原的能力。

三、运动与自然杀伤细胞

（一）自然杀伤细胞

自然杀伤细胞属于第三群淋巴细胞，体积比T细胞和B细胞稍大，胞质中含有嗜天青颗粒，又被称为大颗粒淋巴细胞。自然杀伤细胞来源于骨髓淋巴样干细胞，主要分布于外周血和脾脏中，占外周血淋巴细胞的10%~15%。此外，在骨髓、淋巴结、肝脏等器官中也有分布。

（二）自然杀伤细胞的免疫功能

自然杀伤细胞属于非特异性免疫细胞，无需抗原预先致敏，就可直接杀伤某些肿瘤和病毒感染的靶细胞，因此，在机体抗肿瘤和早期抗病毒或抗胞内寄生虫感染的免疫过程中起重要作用。在肿瘤或病毒特异性IgG抗体存在条件下，自然杀伤细胞也可通过表面IgGFc受体介导，非特异定向识别、杀伤与IgG抗体特异性结合的肿瘤、病毒感染的靶细胞，这种以IgG抗体作为中间桥梁，定向介导自然杀伤细胞对靶细胞的杀伤作用，称为抗体依赖性细胞介导的细胞毒作用（Antibody Dependent Cell-mediated Cytotoxicity,ADCC）。此外，自然杀伤细胞活化后，还可通过分泌IFN-γ、IL-2和TNF-α等细胞因子发挥免疫调节作用。

（三）运动与自然杀伤细胞

自然杀伤细胞是机体重要的免疫细胞，与抗肿瘤、抗病毒感染和免疫调节有密切关系，能够识别并杀死许多病毒感染的细胞与肿瘤细胞，但并不像T淋巴细胞那样具有特异性。运动可以影响免疫细胞的数量和功能，而免疫细胞中以自然杀伤细胞的变化为主，无论是急性运动还是慢性运动都可以引起自然杀伤细胞的改变。

1. 运动对自然杀伤细胞数量的影响

中小强度运动可以引起自然杀伤细胞数量的增加，而大强度的运动则会引起自然杀伤细胞数量的减少。

2. 运动对自然杀伤细胞活性的影响

运动改变自然杀伤细胞的活性主要取决于运动负荷量的大小，中小强度运动能增强自然杀伤细胞的活性，而大强度运动则降低自然杀伤细胞的活性。耐力项目运动员安静状态时自然杀伤细胞活性明显高于非运动员，短时间的极量和亚极量运动可激活自然杀伤细胞的活性，表现为自然杀伤细胞毒活性、自然杀伤细胞与靶细胞结合率、靶细胞（如肿瘤）死亡率以及自然杀伤细胞对白细胞介素-2的刺激和增殖反应等均提高。

四、运动与具有固有免疫特性的T细胞和B细胞

机体内存在一小群T细胞和B细胞，虽然具有特异性抗原受体，但受体的多样性很有限，识别抗原具有较广泛的特异性，这些细胞对抗原的应答速度快，无免疫记忆性，具有固有免疫细胞的特性，主要包括NKT细胞、T细胞和B1细胞。

（一）NKT细胞

1. NKT细胞的概念

自然杀伤T细胞（NKT）是指既表达NK细胞表面标志CD56又表达T细胞表面标志TCR和CD3 分子的T细胞。NKT细胞可在胸腺内或胸腺外（胚肝）分化发育，主要分布于骨髓、肝脏和胸腺，在脾脏、淋巴结和外周血中也由少量存在。

2. NKT细胞的主要功能

①具有细胞毒效应，杀伤某些肿瘤细胞、病毒和胞内寄生虫感染的靶细胞，其杀伤机制与自然杀伤细胞基本相同。②分泌IL-4、IFN-γ，调节Th细胞的分化，具有免疫调节功能。③分泌多种趋化因子参与炎症反应。④与超敏反应和某些自身免疫性疾病的发生发展密切相关，在某些情况下也可对机体产生有害作用。

（二）T细胞

1. γδT细胞的概念

γδT细胞是执行固有免疫应答的T细胞，其TCR由γ和δ两条肽链组成，是胚胎期主要的T细胞，出生以后比例逐渐下降，主要分布于皮肤、肠道、呼吸道及泌尿生殖道粘膜和皮下组织，在外周血中仅占T细胞的0.5%~5%。

2. γδT细胞的免疫功能

γδT细胞是皮肤粘膜局部参与早期抗感染、抗肿瘤免疫的主要效应细胞，也可分泌多种细胞因子参与免疫调节，增强机体非特异性免疫防御功能。

（三）B1细胞

1. B1细胞

在个体发育中出现较早，其发育与胚肝密切相关，也可由成人骨髓产生。B1细胞主要分布于胸膜腔、腹膜腔和肠道固有层中。B1细胞表面BCR缺乏多样性，可识别多种病原体或某些变性自身成分所共有的抗原分子。

2. B1细胞的免疫功能

接受细菌多糖或变性自身抗原刺激后，48h内即可产生以IgM为主的低亲和力抗体，这对机体早期抗感染免疫和清除变性自身抗原具有重要作用。

五、运动与其他固有免疫细胞

（一）其他固有免疫细胞

1. 肥大细胞

主要分布于皮肤、呼吸道、胃肠道粘膜下结缔组织和血管壁周围组织中。肥大细胞是参与炎症反应（包括局部炎症反应）和I型超敏反应的主要细胞。活化的肥大细胞通过释放组胺、白三烯、前列腺素D_2等炎性介质以及IL-1、Il-4、IL-8、TNF等多种细胞因子，引发炎症反应、I型超敏反应和参与免疫调节。

2. 嗜碱性粒细胞

主要分布于外周血中，数量少，仅占白细胞总数的0.2%。嗜碱性粒细胞是参与I性超敏反应的主要细胞，在相应趋化因子的作用下，可被招募到超敏反应的部位，介导I型超敏反应。

3. 嗜酸性粒细胞

嗜酸性粒细胞主要分布于呼吸道、消化道和泌尿生殖道粘膜上皮下结缔组织中，外周血中数量较少，占白细胞总数的1%~3%。在IL-5和血小板活化因子作用下，嗜酸性粒细胞可被招募到寄生虫感染和I型超敏反应发生部位的细胞外液，对寄生虫和某些病原体产生毒杀作用；嗜酸性粒细胞通过脱颗粒释放白三烯、前列腺素D_2和血小板活化因子等炎性介质，参与和促进超敏性炎症反应。

（二）运动对其他固有免疫细胞的影响

目前相关研究较少。

六、影响运动诱发固有免疫细胞总数变化的因素

（一）训练水平

个体训练水平对运动诱发的白细胞总数的变化影响较大，个体训练水平的不同直接导致机体对所施加运动负荷的反应不同从而产生不同的应激，对应的白细胞总数变化也截然不同，主要体现在白细胞变化的幅度和持续的时间。

（二）低氧环境

多数研究认为，低氧对中性粒细胞数目及功能的影响与运动相似，单纯的低氧刺激可以增加白细胞数量，低氧与中低强度训练结合对白细胞总数影响不大，而低氧与高强度训练结合可导致白细胞总数降低。

（三）心输出量和肺血流量

运动可以增加心输出量和肺血流量，心输出量和肺血流量在很大程度上和全身组织细胞的新陈代谢率相适应，从而影响运动诱发的白细胞总数变化。

（四）儿茶酚胺和皮质醇释放

已有研究和临床证实，体外注射儿茶酚胺确实可引起白细胞总数增多，而运动作为一种应激，可以通过增加儿茶酚胺的分泌而影响白细胞总量的变化。

长时间运动引起的中性粒细胞增加、淋巴细胞减少以及T细胞和自然杀伤细胞的功能抑制均与糖皮质激素水平有关。外源性静脉注射皮质类固醇可引起人体外周血中淋巴细胞、单核细胞和嗜酸性粒细胞减少，中性粒细胞增加。但糖皮质

激素水平本身与个体对运动负荷的适应水平有关，若机体能适应施加的运动负荷，血液中皮质醇水平变化不明显，此时运动诱发的白细胞增加就与它无关了。

（五）黏附分子的表达

黏附分子以受体-配体结合的形式发挥作用，使细胞和细胞间、细胞和基质间或细胞-基质-细胞间发生黏附，参与细胞的识别，细胞的活化和信号转导，细胞的增殖与分化，细胞的黏附与迁移，是免疫应答、炎症反应、凝血、肿瘤转移以及创伤愈合等一系列重要生理和病理过程的分子基础。肌肉进行离心运动时，会导致收缩成分和连接组织过度负荷，结果造成骨骼肌损伤，损伤后的一系列炎症反应是骨骼肌进行修复的必要过程，炎症过程中黏附分子表达增强，白细胞与血管内皮细胞黏附，淋巴细胞归巢，从而影响白细胞总数变化。

（六）细胞的凋亡

剧烈运动可引起免疫细胞凋亡（这种细胞凋亡主要发生在未成熟的T细胞），导致白细胞总数下降。另外还有研究表明，运动后人体循环血液中的淋巴细胞存在DNA损伤。对动物研究发现，力竭性运动后胸腺和脾脏内的膜脂质过氧化物增加，而超氧化物歧化酶和过氧化氢酶的活性降低，因此，这种细胞凋亡可能与剧烈运动引起的皮质醇浓度增加以及自由基损害作用有关。此外，淋巴细胞凋亡是否与剧烈运动导致的骨骼肌细微损伤引发细胞凋亡从而使白细胞总数降低有关，尚有待研究。

第二节　运动与特异性免疫细胞

淋巴细胞是白细胞的一种，由淋巴器官产生，是机体免疫应答功能的重要细胞成分。接受抗原刺激后能活化、增殖、发生特异性免疫反应的淋巴细胞称为抗原特异性淋巴细胞或免疫活性细胞，即T淋巴细胞和B淋巴细胞。此外，还包括K细胞（杀伤细胞）、NK细胞（自然杀伤细胞）等。其中，T淋巴细胞主要介导细胞免疫，B淋巴细胞主要介导体液免疫，K细胞能够杀伤被抗体覆盖的靶细胞，NK细胞能够直接杀伤某些肿瘤细胞或受病毒感染的细胞。

淋巴器官根据其发生和功能的差异，可分为中枢淋巴器官（初级淋巴器官）

和外周淋巴器官（次级淋巴器官）两类。中枢淋巴器官包括胸腺和骨髓，在胸腺发育成熟的淋巴细胞为T淋巴细胞，在骨髓中发育成熟的为B淋巴细胞。

一、特异性免疫细胞

（一）T细胞亚群及其功能

来自骨髓的始祖T细胞，在胸腺内微环境作用下，分化、发育为成熟的T淋巴细胞，故称胸腺依赖性淋巴细胞，简称T淋巴细胞或T细胞。根据T细胞分布及其表面抗原受体组成和对抗原识别方式的不同，可将T细胞分为γεT细胞和αβT细胞。γεT细胞是执行非特异性免疫功能的T细胞，αβT细胞是执行特异性免疫功能的T细胞。本书中除特别指明外，T细胞即指αβT细胞。T细胞是执行特异性细胞免疫应答的免疫细胞，在TD-Ag诱导的体液免疫应答中也发挥重要作用。

T细胞是高度异质性的细胞群体，根据不同的分类标准，可将T细胞分为两种不同的群体。第一种是初始T细胞、效应T细胞和记忆T细胞；第二种是CD^{4+}Th细胞、CD^{8+}CTL细胞和$CD^{4+}CD^{25+}$Tr细胞。

1. 初始T细胞、效应T细胞和记忆T细胞

（1）初始T细胞

是指从未接受过抗原刺激的成熟T细胞，又称Th0细胞。活化的Th0 细胞可表达IL-4、12、INF-γ和TGF-β等多种细胞因子的受体，同时分泌IL-2、INF-γ、TGF-β和IL-4、5、6、9、10等细胞因子，参与调节免疫应答。

（2）效应T细胞

是指接受抗原刺激后，经克隆扩增和分化，能够发挥免疫效应的终末T细胞。

（3）记忆T淋巴细胞，是指接受抗原刺激后，在增殖分化过程中停止分化，成为静息状态的长寿T细胞。当再次与相应抗原相遇后，可迅速扩增分化成熟为效应T细胞产生免疫效应。

2. CD^{4+}Th细胞和CD^{8+}CTL细胞和$CD^{4+}CD^{25+}$Tr细胞

（1）CD^{4+}Th细胞

参与细胞免疫应答，并对CD^{8+}CTL细胞和B细胞的活化、增殖具有重要辅助作用。CD^{4+}Th细胞不能直接识别结合天然抗原分子，只能识别结合表达与APC表

面的抗原肽-MHCII类分子复合物，并通过不同的分化途径参与细胞和或体液免疫应答。

（2）CD^{8+}细胞毒性T细胞

CD^{8+}CTL细胞识别抗原受MHCI类分子限制，即只能识别结合APC或靶细胞表面MHCI类分子提呈的抗原肽。其主要作用是特异性杀伤肿瘤和病毒感染的靶细胞，同时也可分泌细胞因子，参与免疫调节。

（3）$CD^{4+}CD^{25+}$调节T细胞，是近年来发现的一种可组成性表达CD^{25}和CD^{152}分子的CD^{4+}T细胞亚群。这种细胞被多克隆激活剂和自身抗原激活后，其表面CD^{25}和CD^{125}分子表达显著增高，他们可直接与CD^{4+}Th细胞和CD^{8+}CTL细胞接触，对CD^{4+}Th细胞和CD^{8+}CTL细胞产生抑制作用。也可分泌IL-10和TGF-ß等抑制性细胞因子，调节CD^{4+}Th细胞和CD^{8+}CTL细胞的过度活化和增殖，在免疫应答中发挥负调节作用。

（二）B细胞亚群及其功能

根据表面标志、分布和功能的不同，可将B细胞分为B1细胞和B2细胞。B1细胞执行固有免疫应答，B2细胞执行适应性体液免疫应答，即通常所说的B细胞。

1. B1细胞

占人体B细胞总数的5%~10%，主要分布于腹膜腔、胸膜腔和肠道固有层中。主要识别多种病原体表面共有的糖类抗原，如细菌脂多糖等。B1细胞活化无需Th细胞辅助和细胞因子的刺激，很少发生免疫球蛋白转换，主要产生低亲和力的泛特异性IgM类抗体，IgM能够与多种不同抗原表位结合，对多种病原体产生特异性清除作用。

2. B2细胞

B2细胞占B细胞中的大多数，主要定居于脾脏、淋巴结和粘膜相关淋巴组织。B2细胞在个体发育过程中出现相对较晚，由骨髓多能造血干细胞分化而成，无自我更新能力。主要识别蛋白质抗原，且具有高度特异性。在Th细胞的辅助下，B2细胞活化、增殖及分化为浆细胞，浆细胞可合成分泌抗体，介导适应性体液免疫应答。

二、运动对淋巴细胞活化与增殖的影响

大多数研究证明，运动对淋巴细胞活化和增殖的影响与运动强度有关。在中等强度至大强度的运动训练中，淋巴细胞活化和增殖可能会正常或轻度增加。在长时间强度非常大的运动训练中，淋巴细胞的增殖会出现下降。产生的机制可能为，长期适度训练使淋巴细胞反复暴露在对其起抑制作用的激素中，淋巴细胞表面激素受体数及敏感性下降，使淋巴细胞对激素的抑制作用不敏感，表现为机体的免疫功能的增强。在大强度运动后，淋巴细胞对某些特殊抗原的反应减少了。这种过度运动抑制特异性免疫细胞功能的可能机制有糖皮质激素浓度变化和谷氨酰胺亏空等。

对无训练基础的人而言，大运动量训练后表现为淋巴细胞反应增加，通常这一人群淋巴细胞的反应性较低。对有一定训练基础的人而言，在大运动量训练后常表现为一过性辅助T淋巴细胞水平下降，这可能与免疫抑制有关。

（一）运动对T细胞及其亚群的影响

T淋巴细胞是一种重要的免疫活性细胞，其亚群中的细胞之间相互协调，稳定地调节着机体的免疫应答反应。运动对T淋巴细胞及其亚群有着广泛影响，不同的运动强度、运动持续时间、运动方式，引起的T淋巴细胞数量和功能的变化不同。

1. 运动对T细胞及其亚群数目的影响

已有研究表明，运动对T淋巴细胞数目的影响与运动强度有关，表现在运动后其升高程度与运动强度呈负相关；且数目的增多及其亚群变化呈现暂时性，变化的持续时间与运动持续的时间呈正相关。不同的运动方式在运动过程中对T淋巴细胞数目的影响也不相同，长跑运动员在运动中表现为数目下降，自行车运动员在运动中表现为升高，马拉松运动员在运动中表现为不变。运动对T淋巴细胞亚群的影响表现为：中、小强度的适当运动训练和长期适度训练可以提高机体的免疫功能，但长期大强度力竭性运动会抑制机体的免疫功能。

2. 运动对T细胞及其亚群功能的影响

不同的运动方式对T淋巴细胞及其亚群的功能有不同的影响。运动对T淋巴

细胞功能的抑制与运动强度和训练时间有关。运动强度越大，训练时间越长，抑制程度就越高，恢复速度就越慢。

已有研究表明，无论是上肢运动，还是下肢运动，无论受试者训练水平如何，剧烈间歇运动（无氧运动）后，外周血白细胞对有丝分裂原的增殖反应均受到抑制，但这种抑制作用是暂时的，在运动后2h可恢复。一般认为急性运动时间越长，对T淋巴细胞及其亚群功能的抑制时间也越长，马拉松运动后，受抑制的淋巴细胞对有丝分裂原的反应需要在24h才能恢复到正常水平。

有氧运动对T淋巴细胞及其亚群的活性有一定的影响，且与运动的持续时间显著相关。在一个较长的运动或训练周期中，T淋巴细胞活性的变化趋势是开始时降低，而后慢慢适应，最后逐渐升高。较长周期适量的有氧运动，可以通过提高T淋巴细胞的活性，增强T淋巴细胞及其亚群的功能。

（二）运动对B细胞及其亚群功能的影响

流行病学研究显示，适度运动能增加B细胞的数目和功能。大强度运动后，虽然淋巴细胞的数量、增殖能力和活性有所降低，但是对T淋巴细胞活性的影响明显，而对B细胞活性的影响不明显。过度训练会降低机体内抗体的水平。例如，以75% 最大摄氧量强度运动1h，尽管B细胞的数量在运动结束后并未发生变化，但B细胞合成与分泌免疫球蛋白G、免疫球蛋白A、免疫球蛋白M等免疫球蛋白的功能在运动过程和运动结束后明显低下，直至运动结束后一天才能恢复正常。过度训练会降低呼吸道和消化道分泌液中免疫球蛋白A的浓度，导致上呼吸道感染发病率增高。例如，大强度游泳、赛跑或递增跑台到力竭后，唾液免疫球蛋白A的浓度下降。

第三节　运动与红细胞

红细胞是血液中数量最多的血细胞，一般用1L血液中红细胞的个数来表示红细胞的数量。我国成年男性红细胞的数量为（$4.0\sim5.5$）$\times10^{12}$/L，女性为（$3.5\sim5.0$）$\times10^{12}$/L。正常成熟红细胞是无核的，呈双面凹的圆碟形，这种形状可以最大限度地使红细胞与组织进行气体交换，红细胞保持双面凹的圆碟形需消耗能量。成熟红细胞无线粒体，糖酵解是其获得能量的唯一途径。红细胞从血浆中获取葡萄糖，通过糖酵解产生ATP，维持细胞膜中钠泵的活动以保持细胞内外Na^+、K^+的正常分布、细胞容积和双面凹圆碟的形态。红细胞最经典的生理功能是运输氧气和二氧化碳，即红细胞把氧气运输给身体各组织，再把各组织部位产生的二氧化碳从组织运送到体外。但红细胞也具有一定的免疫功能。

一、红细胞的生理特性

（一）颜色和比重

血液的颜色决定于红细胞内血红蛋白的含量。动脉血含氧多，呈鲜红色；静脉血含氧少，呈暗红色；皮肤毛细血管的血液近似鲜红色。正常人全血的比重在1.050~1.060，全血的比重主要取决于红细胞的数量和血浆蛋白的含量。

（二）黏滞性

血液在血管内流动时，由于液体内部各种物质的分子或颗粒之间的摩擦，而产生阻力，使血液具有一定的黏滞性。血液的黏滞性主要取决于红细胞的数量和血浆蛋白的含量，另外，还受血细胞形状及在血流中的分布特点，表面结构和内部状态，易变形以及他们之间的相互作用等因素的影响。

红细胞具有悬浮稳定性，是指红细胞在血浆中保持悬浮状态而不易下沉的特性。将与抗凝剂混匀的血液置于血沉管中，垂直静置，尽管红细胞的比重大于血浆，但正常时红细胞下沉缓慢，表明红细胞能相对稳定地悬浮于血浆中。通常以红细胞在第1h末下沉的距离来表示红细胞的沉降速度，称为红细胞的沉降速率。

（三）形　态

正常红细胞在外力作用下具有变形能力。红细胞的这种特性称为可塑性。红细胞在全身血管中循环运行时，须经过变形才能通过口径比它小的毛细血管和血窦孔隙。可塑变形性是红细胞生存所需的最重要特性。红细胞的变形能力取决于红细胞的几何形状、红细胞内的粘度和红细胞膜的弹性，其中红细胞保持双面凹圆碟形的几何形状是其变形的最重要决定因素。

（四）渗透压

血浆渗透压由两部分组成，绝大部分来自血浆中的晶体物质，包括各种电解质的离子，其中，最主要的是氯化钠，其次是碳酸氢钠和非电解质的小分子化合物，如葡萄糖、尿素等。由晶体物质产生的渗透压称为晶体渗透压。血浆的渗透压主要为晶体渗透压。另一部分，来自血浆中的胶体物质，包括各种蛋白质，其中最主要的是白蛋白，其次为球蛋白。由胶体物质产生的渗透压称为胶体渗透压，胶体渗透压较小，大约为25~30mmHg。胶体渗透压虽小，但可防止过多水分渗出毛细血管外，对水分出入毛细血管起着调节作用。因此，胶体渗透压对水在体内各部分体液中的分布具有重要作用。

红细胞具有渗透脆性，正常状态下红细胞内的渗透压与血浆渗透压大致相等，这对保持红细胞的形态甚为重要。将机体红细胞置于等渗溶液（哺乳动物：0.9%NaCl）中，它能保持正常的大小和形态。但如把红细胞置于高渗NaCl溶液中，水分将逸出胞外，红细胞将因失水而皱缩。相反，若将红细胞置于低渗NaCl溶液中，水分进入细胞，红细胞膨胀变成球形，直至膨胀而破裂，血红蛋白释放入溶液中，这种现象称为溶血。

二、红细胞生成的调节

人体每小时大约生成5亿新红细胞。红细胞由骨髓生成，特别是红骨髓，主要受红细胞生成素（EPO）的调节。EPO是一种荷尔蒙，主要生理功能是促进红细胞的生成和调节。它产生于肾脏的毛细血管上皮中（肝脏也有此功能，只是其分泌量相对少很多），然后再进入血液中，会作用在骨髓上，促进红细胞前质物的生成及分化，以增加红细胞的数量。在正常情况下，EPO的数量并不需要太多就可以刺激骨髓制造红细胞。当不断监测血液的肾脏含氧量下降而以化学方式发出警告时，就会制造出较多量的EPO，使骨髓制造红细胞的数量增加。

除EPO外，调节红细胞生成的其他因素还有雄激素、甲状腺激素、生长激素、雌激素和胰岛素样生长因子。除雌激素外，其他三种激素和胰岛素样生长因子均能刺激红细胞的生成，唯有雌激素是抑制红细胞的生成。

三、红细胞的免疫功能

红细胞的数量是白细胞数量的1000多倍，血循环中80%以上的CR1分子存在于红细胞表面，故红细胞与循环免疫复合物相遇的机会比白细胞大500~1000倍，清除体内“垃圾”的任务主要由红细胞承担，是白细胞所无法相比的。故红细胞具有识别、黏附、杀伤抗原、清除循环免疫复合物等免疫功能。

（一）清除循环免疫复合物（细胞表面的补体受体）

红细胞通过表面的CR1受体与循环中C3b-IC结合（即发生黏附），复合物被血流带到肝、脾等器官的固定吞噬系统。固定吞噬系统捕获红细胞结合的IC，通过巨噬细胞膜表面的Fc受体与IC中的抗体Fc段结合，此时，红细胞从IC上解离，再度进入循环，而捕获了IC的巨噬细胞则通过膜表面的CR1受体再与IC的补体C3b结合，Fc受体与CR1受体的协同作用使巨噬细胞的吞噬作用加强，而将IC吞噬并清除到体外。

（二）增强吞噬作用

已有研究表明，被黏附的复合物（IC）较悬浮于血浆中未被粘附的更容易被吞噬，而用C3b及IgG（免抗酵母菌IgG）调理过的酵母菌与吞噬细胞一起孵育，在加入红细胞后，吞噬细胞对酵母菌的吞噬率比未加入红细胞的增强了34%；当加入红细胞溶解产物后，其吞噬率增加75%。用过氧化氢酶及超氧化物歧化酶代替红细胞后，吞噬率增加程度相似。这可能是因为红细胞首先黏附酵母菌，然后红细胞酵母菌复合物与吞噬细胞作用，由于红细胞内含有高浓度的具有强力的抗氧化作用的过氧化氢酶（Cat）及超氧化物歧化酶（SOD），能够清除吞噬过程中产生的氧化代谢产物（ROM），从而促进吞噬作用。

（三）识别和携带抗原

红细胞对自我和非我抗原具有识别功能，且具有储存抗原的能力（携带抗原）。

（四）免疫调节作用（对T淋巴细胞和淋巴因子的调控作用）

红细胞不仅能识别和储存抗原，而且其免疫黏附特性具有双重性，即红细胞上的CR1与IC相黏附的同时，又可黏附自身胸腺细胞和T细胞，形成自身玫瑰花环，这样IC中的抗原就与T淋巴细胞紧密靠拢，即红细胞将抗原提呈给T淋巴细胞使T淋巴细胞俘获抗原的能力增强。

（五）效应细胞的作用

红细胞的CR1通过C3b黏附致病原（即IC中的抗原），黏附处过氧化物酶可消毁粘附的致病原，从而起到效应细胞样作用；并且红细胞发生黏附后，黏附区域的过氧化物酶活性增强，促进抗原被吞噬。

四、运动对红细胞的影响

（一）运动对红细胞免疫功能的影响

1．一次急性运动

一次急性运动对红细胞免疫功能的影响表现为红细胞黏滞性增强，异常红细胞增多，并伴有溶血的发生，红细胞的形态发生改变，球形系数增高，红细胞膜的流动性和变形性降低。

2．长期运动训练

长期运动训练对红细胞免疫功能的影响表现为红细胞黏滞性下降，红细胞数量和压积相对减少，红细胞抗氧化能力增强，变形能力提高，红细胞膜的流动性增加。

3．过度训练

长期过度训练会使红细胞免疫黏附功能处于降低状态，且随着时间的增加，下降越加明显。其原因可能与过度训练后C3b受体数量减少，血红蛋白含量减少，红细胞数量减少，与免疫复合物的亲合力降低，ICR水平降低有关。

（二）运动对红细胞数量的影响

1．一次急性运动

短时间、大强度快速运动比进行长时间耐力运动红细胞增加更明显。在同样时间的运动中，运动量越大，红细胞增加越多。不过这种增多很大程度上是与血浆的减少有关。运动后即刻观察到的红细胞数量增多，主要是由于血液重新分布的变化所引起。急性长时间运动后，即刻观察到的红细胞数量增多，主要是排汗和不感蒸发的亢进引起血液浓缩所致。而急性运动中的红细胞数量增加是暂时性的，运动停止后便开始恢复，1~2h后可恢复到正常水平。

2. 长期运动训练

经过长时间的系统运动训练，尤其是耐力性训练的运动员在安静时其红细胞数并不比一般人高，有的甚至低于正常值，被诊断为运动性贫血。然而在运动训练中要注意区分真性贫血和假性贫血，需加以具体问题具体分析。

3. 过度训练

过度训练会导致C3b受体数量减少，血红蛋白含量减少，红细胞数量减少。

五、运动对红细胞影响的可能机制

（一）运动负荷

不同的运动强度、运动量会对红细胞产生不同的影响，一定的运动强度能抑制红细胞的免疫功能，长时间大强度运动易出现免疫抑制的积累。

（二）红细胞免疫自我调控因子

红细胞免疫调控因子是影响红细胞免疫功能的因素之一，同时也能间接地反映红细胞的免疫功能，它包括红细胞免疫促进因子和红细胞免疫抑制因子。运动刺激（尤其是低氧运动刺激）会对红细胞免疫促进因子和抑制因子造成影响，从而影响红细胞免疫功能。

（三）内啡肽

运动可以促使人体内分泌发生变化，大脑在运动后会产生一种叫做内啡肽的物质，而内啡肽与红细胞膜阿片肽受体结合而改变红细胞CR1的构象来调节CR1、CR3的活性。内啡肽也被称为“快乐激素”或“年轻激素”，因为人的心情与大脑分泌内啡肽的多少息息相关，同时内啡肽还是天然的镇痛剂。

（四）红细胞数量

急性运动后，机体红细胞数量增多，长时间的系统运动训练，尤其是耐力性运动训练会使机体红细胞数量减少，从而导致红细胞免疫功能受到影响。

（五）血乳酸浓度

乳酸是体内糖代谢的中间产物，主要由红细胞、横纹肌和脑组织产生。运动时肌肉产生的乳酸进入血液，使血液中H离子增多，PH值降低，内环境发生急剧变化。因为血液黏度升高，使氧运输受阻，无氧代谢比例加大，则血乳酸生成增多。反过来血乳酸浓度升高，血液PH值下降，H离子通过细胞膜上的蛋白对红细胞产生影响，使红细胞变硬，变形能力降低。

（六）自由基

运动会产生自由基，在具有大量自由基的条件下，红细胞膜上的磷脂和蛋白分子在自由基的攻击下而发生结构的改变，这些变化不仅使分子自身的旋转运动和摆动降低，同时通过改变分子间的关系而限制周围分子的运动，从而降低了完整红细胞膜的流动性并最终导致红细胞变形性的下降影响循环及微循环灌注。

（七）红细胞膜完整性

不适当的运动强度、过度疲劳会引起红细胞变形性下降，这反映了红细胞膜的黏滞性下降、红细胞膜完整性缺损，甚至溶血性贫血，而红细胞正常功能的发挥很大程度上依赖于红细胞膜功能的正常。

复习题

1. 试述白细胞的生理特性及其分类。
2. 影响运动诱发白细胞总数变化的因素有哪些？
3. 举例说明运动对T细胞及其亚群的影响。
4. 简述运动对自然杀伤细胞数量及活性的影响。
5. 红细胞的生理特性有哪些，有何生理意义？
6. 分类说明运动对红细胞免疫功能有何影响，并简述其机制。

思考与讨论

1. 如何解释嗜碱性粒细胞比例偏高以及嗜酸性粒细胞比例的偏低或偏高?
2. 从固有免疫细胞的角度谈谈如何进行科学健康的体育锻炼。

参考文献

[1] Tak W.Mak，Mary E.Saunders. 免疫应答导论[M].吴玉章，等，译. 北京：科学出版社，2012.

[2] 何维，曹雪涛，熊思东，高晓明，等. 医学免疫学[M].北京：人民卫生出版社，2010.

[3] Ivan M.Roitt，Peter J. Delves. 免疫学基础[M].丁桂凤，等，译. 北京：北京高等教育出版社，2005.

[4] 王杨，张林，等. 医用运动生理学[M].北京：中国医药科技出版社，2010.

[5] 何伟，陈静宁. 运动与白细胞的变化[J].中国临床康复，2006, 10（20）：136-139.

[6] 刘莉，林建棣，成伟栋，门建民. T细胞及其亚群与运动免疫[J].中国临床康复，2003, 7（18）：2634-2635.

[7] 宋亚军.运动与单核/巨噬细胞的功能性变化[J].山东体育学院学报，1998, 14（40）：53-55.

[8] 王建蜜，邢良美，李洁.运动对自然杀伤细胞免疫的影响[J].辽宁体育科技，2007, 29（2）：11-12.

[9] 徐海花，牛钟相，张万福，刘文利. 红细胞免疫功能的研究进展[J].山东农业大学学报，2004, 35（1）：150-153.

[10] 张缨.实用运动免疫学[M].北京：北京体育大学出版社，2005.

第五章 运动与免疫球蛋白

教学目标

掌握免疫球蛋白（抗体）的组成和免疫学功能；了解运动与免疫球蛋白的最新研究进展和研究状况，从运动与分泌型免疫球蛋白的角度，掌握运动员的免疫机能或运动对人体免疫球蛋白的影响并分析其影响因素和可能的机制。

相关概念

免疫球蛋白（Immunoglobulin）：具有抗体活性或化学结构与抗体相似的球蛋白。

抗体（Antibody）：机体的免疫系统在抗原刺激下，由B淋巴细胞或记忆B细胞增殖分化成的浆细胞所产生的、可与相应抗原发生特异性结合的免疫球蛋白。

抗毒素（Complement）：用细菌等微生物代谢产生的毒素免疫动物后产生的具有中和毒素作用的物质，称之为抗毒素。

免疫抗体（Immuno Antibody）：机体在抗原物质刺激下，由B细胞分化成的浆细胞所产生的、可与相应抗原发生特异性结合反应的免疫球蛋白。

天然抗体（Nature Antibody）：未经明显自然感染或人工免疫而在体内产生的血清抗体（如人体内针对远缘动物多糖分子的抗体、针对ABO红细胞血型物质的抗体等），多属IgM类。

自身抗体（Auto Antibody）：针对自身组织，器官、细胞及细胞成分产生的抗体。

抗体（Antibody, Ab）：是机体的免疫系统在抗原刺激下，由B淋巴细胞或记忆B细胞增殖分化成的浆细胞产生的、可与相应抗原发生特异性结合的免疫球蛋白。抗体介导体液免疫反应。抗体主要存在于血液中，也存在于其他体液中。

免疫球蛋白（Immunoglobulin, Ig）：是指具有抗体活性或化学结构与抗体相似的球蛋白。免疫球蛋白包括分泌型和膜型两种类型。分泌型免疫球蛋白主要存在于血液和组织液中，具有抗体的各种功能；膜结合型免疫球蛋白为抗原识别受体，表达于B细胞表面，称为膜表面免疫球蛋白。

1890年, 德国学者Von behring及其同事Kitasato发现用被灭活的白喉和破伤风杆菌免疫过的动物血清具有中和毒素的作用，同时他们还发现这种抗毒素的作用是特异性的。将能中和毒素的物质称为抗毒素，进而引入抗体一词，泛指抗毒素一类的物质，将注射的细菌或细菌外毒素则称为抗原。1901年, 这两个德国学者由于在血清方面的杰出贡献获得了历史上首个诺贝尔生理学和医学奖。后又证明抗体的活性部分是在γ球蛋白部分。因此，这类球蛋白过去曾称为γ球蛋白。自抗体发现100多年来，抗体相关的研究成果曾7次获得诺贝尔奖。抗体（免疫球蛋白）在基础生物医学研究及临床疾病的诊断、治疗、预防等方面发挥着越来越重要的作用。

第一节 免疫球蛋白的结构和功能

一、免疫球蛋白的基本结构

射线晶体衍射结构分析显示，各类免疫球蛋白的基本结构均由四条多肽链组成，即两条相同的重链（H）和两条相同的轻链（L）。每条重链和轻链分为氨基端和羧基端，通过链间的二硫键连接组成。Ig为糖蛋白，糖基存在于重链上。Ig分子由3个相同大小的片段组成。位于上端的两个臂由易弯曲的铰链区连接到主干上，形成一个“Y”型分子，称为Ig分子的单体，是构成免疫球蛋白分子的基本单位。

（一）重链和轻链

重链（Heavy chain，H链）分子质量较大，约为50~70KD（50000~75000dalton），由450~550个氨基酸残基组成。其中近氨基酸（N）端1/4区域，因氨基酸组成及排列顺序多变，称为重链可变区（Variable Region of Heavy Chain，VH区）。重链剩余3/4区域氨基酸组成和排列顺序变化较小，而且相对稳定，称为重链恒定区（Constant Region of Heavy Chain，CH区）。各种免疫球蛋白的重链恒定区的氨基酸的组成和排列顺序不同，故其抗原性也不同，据此，可将免疫球蛋白分为五类，即：IgM、IgD、IgG、IgA和IgE。不同的Ig具有不同的特性，包括链内二硫键的数目和位置、连接寡糖的数量、功能区的数目、铰链区的长度等。同一类Ig根据其铰链区氨基酸组成和重链二硫键的数目和位置的差别，又可以分为不同的亚类。例如，IgG可以分为IgG_1~IgG_4，IgA可以分为IgA_1和IgA_2，IgM，IgD、IgE尚未发现有亚类。

免疫球蛋白轻链的分子量约为25KD，由214个氨基酸残基组成。其中，近氨基端1/2区域因氨基酸组成及排列顺序多变，称为轻链可变区（Variable Region of Light Chain,VL区）。轻链剩余1/2区域因氨基酸组成及排列顺序相对稳定，故称为轻链恒定区（Constant Region of Light Chain，CL区）。

人类根据H链C区的分子结构不同，抗原特异性也不同而分为五类：IgM、IgD、IgG、IgA和IgE。两条相同的H链借二硫键相互连接，两条相同的L链分别借二硫键和两条H链连接。因此，Ig都是对称的高分子，这样的四链单位称为单体，IgD、IgG、IgE及大多数血清型IgA均为单体，分泌型IgA为二聚体，即两个单体IgA由J链相连，再加一个分泌片构成。J链是一条多肽链，富含半胱氨酸，由浆细胞合成。J链可以连接Ig单体形成二聚体、五聚体或多聚体。二个单体IgA由J链连接形成二聚体，五个单体IgM由二硫键相互连接，并通过二硫键与J链连接形成五聚体。IgD、IgG、IgE为单体，无J链。分泌片（SP）又称为分泌成分，是分泌型IgA分子上的一个辅助成分，为一种含糖的肽链，由粘膜上皮细胞合成和分泌，以非共价键形式结合到二聚体上，并一起被分泌到粘膜表面。

（二）免疫球蛋白的功能区（结构域）

免疫球蛋白两条相同的重链和两条相同的轻链，通过链间的二硫键维系构成一个Ig单体分子，其中每条肽链又可被链内二硫键连接折叠成几个球形的结构，这些球形结构具有不同的生物学功能，称为Ig的功能区，也叫结构域。这些功能区的功能虽然不同，但其结构相似，每个功能区约由110个氨基酸组成。

IgG、IgA和IgD的重链有四个功能区，即VH、CH1、CH2和CH3，IgM和IgE的重链有五个功能区，比前者多一个CH4。轻链有VL和CL两个功能区。

各区主要功能如下：VH和VL是抗原特异性结合部位。CH1-3和CL为Ig遗传标志所在处。IgG的CH2和CH3是补体（Clq）的结合部位，参与补体激活。IgG的CH3和IgE的CH4有亲细胞活性，能使Ig结合固定于具有相应受体的组织细胞表面。铰链区含有大量的脯氨酸和二硫键，富有弹性，张合自如，可伸展180°。此种结构适宜于抗体分子与不同距离的抗原决定簇结合，也有利于补体结合部位的暴露，为补体活化创造条件。此外，该区对木瓜蛋白酶和胃蛋白酶敏感，经酶处理后可将Ig从该区断裂成几个不同的片段。

1. 可变区（Variable Region, V区）

识别并特异性结合抗原，是免疫球蛋白分子的主要功能，这种特异性是由免疫球蛋白V区的空间构成所决定的。免疫球蛋白分子有单体、二聚体和五聚体，因此，结合表位的数目也不相同。IgG单体可以结合2个抗原表位，为双价；分泌型IgG为4价；五聚体IgM理论上应为10价，但由于立体构型的空间位阻，一般只能结合5个抗原表位，故为5价。抗体在体内与相应抗原特异结合，发挥免疫效应，消除病原微生物或导致免疫病理损伤。例如，抗毒素可以中和外毒素，保护细胞免受毒素作用，IgG和IgA都具有这种中和作用。

2. 高变区（Hypervariable Region, HVR区）

免疫球蛋白的重链和轻链可变区结构中，各有3个特定区域内的氨基酸残基的组成和排列顺序比V区内其他区域更易变化，这些区域称为高变区。三个高变区共同组成Ab的抗原结合部位，该部位也称为互补性决定区（CDR）。

3. 恒定区(Constant Region, C区, H区)

免疫球蛋白近羧基端（C端）的氨基酸残基组成和排列顺序相对恒定，称为恒定区，分别占重链和轻链的3/4或4/5和1/2。

4. 铰链区（Hinge Region）

位于CH_1与CH_2之间，含有丰富的脯氨酸，因此易伸展弯曲，使得Ig分子的两臂能以最佳位置去结合抗原。

二、免疫球蛋白的主要功能

免疫球蛋白的结构是其功能产生的基础。由于免疫球蛋白分子V区和C区氨基酸的构成和排列不同，决定了他们的功能是不同的。免疫球蛋白的生物学功能主要表现为其V区和C区的功能。

（一）免疫球蛋白可变区的生物学功能

免疫球蛋白可变区的主要功能是特异性识别、结合抗原，位于可变区内的超变区是与抗原表位互补结合的区域。免疫球蛋白通过其V区与细菌毒素或病原体结合后，可产生中和毒素或抑制病原体生长的作用，在补体和吞噬、自然杀伤细胞参与下，通过其恒定区介导可产生溶菌、调理吞噬和杀伤等生物学效应。

（二）免疫球蛋白恒定区的生物学功能

1. 激活补体系统

补体通过恒定区与相应抗原结合后，构象发生改变，使补体C1q结合位点暴露，从而导致补体经典途径激活，被激活的补体可产生溶菌效应和由补体裂解产物C3b介导的调理作用。

2. 调理作用

IgG类抗体与相应细菌等颗粒性抗原特异性结合后，通过其Fc段与巨噬细胞或中性粒细胞表面相应IgGFc受体结合，促进吞噬细胞对细菌等颗粒性抗原的吞噬作用，称为调理。

3. 抗体依赖性细胞介导的细胞毒作用

IgG类抗体与肿瘤或病毒感染细胞表面抗原表位特异结合后，再通过其Fc段与NK细胞、巨噬细胞和中性粒细胞表面相应IgGFc受体结合，能增强或触发NK细胞、巨噬细胞和中性粒细胞等效应细胞对靶细胞的杀伤破坏作用，即为抗体依赖性细胞介导的细胞毒作用（Antibody Dependent Cell-mediated Cytotoxicity，ADCC），简称ADCC。

4. 介导I型超敏反应

IgE为亲细胞性抗体，可通过其Fc段与肥大细胞和嗜碱性粒细胞表面相应IgEFc 受体结合，而使肥大细胞和嗜碱性粒细胞致敏。致敏的肥大细胞和嗜碱性粒细胞通过表面特异性IgE 抗体与相应抗原（变应原）结合后，可脱颗粒，释放生物活性介质，引起I型超敏反应。

5. 穿过胎盘屏障和粘膜

人IgG类抗体是唯一能够从母体通过胎盘转运到胎儿体内的免疫球蛋白。研究表明，母体内IgG类抗体可通过Fc段，选择性地与胎盘母体一侧的滋养层细胞表面的相应受体结合，进而通过胎盘进入胎儿循环中，对新生儿抗感染具有重要意义。此外，分泌性IgA可通过分泌片介导而穿越呼吸道、消化道等粘膜上皮细胞，到达粘膜表面发挥重要抗感染免疫作用。

第二节 各类免疫球蛋白的生物学特性与功能

有些免疫球蛋白具有抗体活性，能与相应抗原的表位特异性结合，产生一系列生物学效应。人体血液中共有5种具有抗体活性的免疫球蛋白，它们分别是IgG、IgA、IgM、IgD和IgE。

一、IgG

IgG是人和动物血清中含量最高的免疫球蛋白，占血清总Ig总量的75%~80%，多以单体形式存在，分子量为146KD，沉降系数为7S；在PH8.6，除了补体Clq以外，IgG是所有血浆蛋白中泳动速度最慢的，因此，IgG容易用离子交换层析分离。IgG也是血清半衰期（约23天）最长的Ig，主要由脾脏和淋巴结中的浆细胞合成，是机体重要的抗菌、抗病毒和毒素抗体。IgG是唯一能通过胎盘的免疫球蛋白，故对新生儿抗感染起重要作用。通常胎儿出生后3个月可自身合成IgG，3~5岁时达成人水平，40岁后逐渐下降。人IgG有4个亚类，即IgG1、IgG2、IgG3和IgG4，占IgG总量依次为70%，20%，8%，2%，但其组成比例有个体差异，受遗传影响。IgG易通过毛细血管壁，约有50%的IgG在血清中，其余则广泛分布于各组织的细胞外液中。IgG1、IgG2、IgG3与相应的抗原结合后，可经经典途径激活补体，IgG4不能结合固体补体（Clq），但其凝聚物可经旁路途经激活补体。IgG可通过Fc段与表面具有IgGFc受体的吞噬细胞、NK细胞结合，从而对细菌等颗粒性抗原发挥调理作用，促进吞噬或产生ADCC，有效杀伤破坏肿瘤和病毒感染的靶细胞。

二、IgM

人血清IgM分子量为970KD，沉降常数为19S，为五聚体，每个单体的分子量约为180KD，沉降常数为7.8S，IgM是分子量最大的Ig，称巨球蛋白。IgM激活补体的能力比IgG强，其杀菌、溶菌促进吞噬等作用均显著强于IgG。天然血型抗体是IgM。IgM是个体发育过程最早能产生的抗体，胚胎晚期已能合成，新生儿脐带血中若IgM水平升高，表示该新生儿曾有宫内感染。膜结合型IgM为单体，表达于B细胞表面，构成B细胞抗原受体的主要成分；血清中的IgM为五聚体，不能通过血管壁，主要存在于血清中。可参与超敏反应。IgM是抗原刺激后出现最早的抗体，故检测IgM水平可用于传染病的早期诊断。脾脏是IgM的主要合成部位，IgM占血清Ig总量的5%~10%，因此，对防止菌血症的发生具有重要作用。

三、IgA

IgA分为血清型和分泌型两种，血清型IgA主要由肠系膜淋巴组织中的浆细胞产生，而分泌型IgA（SIgA）是由呼吸道、消化道、泌尿生殖道等处的固有层中的浆细胞产生。主要存在于初乳、唾液、泪液、呼吸道、消化道和泌尿生殖道黏膜表面的分泌液中。血清型IgA和分泌型IgA不能通过胎盘，婴儿在出生后4~6个月才能产生IgA。分泌型IgA广泛分布于唾液、消化道、呼吸道粘膜、鼻腔分泌液、汗腺等部位。分泌型IgA由2个单体IgA，一条连接链（J链）和一个分泌片借二硫键连接组成。单体IgA和J链均由呼吸道、胃肠道、泌尿生殖道、粘膜固有层中的浆细胞合成。在分泌出浆细胞之前，两个单体IgA和一个J链连接在一起，形成双体IgA。分泌片由粘膜上皮细胞合成，当双体IgA经过粘膜上皮细胞时，与分泌片通过二硫键相连，组成完整的分泌型IgA，然后分布于相应部位。分泌片本身无免疫活性，但能保护分泌型IgA，使之不被分泌液中各种蛋白酶裂解灭活。分泌型IgA能阻止病原微生物对粘膜上皮细胞的黏附，具有抗菌、抗病毒和毒素等多种作用，因此是粘膜局部抗感染的重要免疫物质。

四、IgD

IgD在血清中的浓度很低，仅占血清Ig总量的1%，而且不稳定，对血浆中的蛋白水解酶很敏感，因此分离很困难。其分子结构与IgG类似，分子量180KD，不能通过胎盘，也不能激活补体。血清中IgD的功能尚不清楚。但表达在B细胞表面的IgD（sMIgD）是成熟B细胞的重要表面标志。sMIgD作为B细胞表面的抗原识别受体，可接受相应抗原的刺激，并对B细胞的活化、增殖和分化产生调节作用。B细胞分化过程中首先出现IgM，后来出现IgD，IgD的出现标志着B细胞的成熟。

五、IgE

是种属进化过程中最晚出现的Ig，在所有Ig中，IgE在血清中的浓度是最低的，IgE分子是单体，分子量约为190KD，沉降常数为8S。IgE分子的Fc段可与肥大细胞和嗜碱性粒细胞的Fc段受体结合，而使之处于致敏状态。CH2和CH3功能区可与肥大细胞、嗜碱性粒细胞上的高亲和力Fcε受体结合，引起超敏反应。当致敏肥大细胞和嗜碱性粒细胞再次与相应致敏抗原作用时，可引发I型超敏反应。IgE的产生部位主要是鼻、咽、扁桃体、支气管和胃肠粘膜固有层中的浆细胞。

第三节 抗 体

抗体（Antibody，Ab）是机体B淋巴细胞被抗原激活后，由分化成熟的B细胞增殖、分化为浆细胞后所产生的一种球蛋白，是一类能与相应抗原特异性结合的具有免疫功能的球蛋白，可分为分泌型和跨膜型两种。

抗体具有双重功能，一方面可以特异地识别并结合抗原；另一方面，抗体本身也是抗原，可刺激不同个体甚至同一个体的细胞分泌抗抗体的抗体。

一、抗体的来源

人体内存在三类抗体，即免疫抗体、天然抗体和自身抗体。

（一）免疫抗体

免疫抗体，是指患传染病后或经人工注射疫苗后产生的抗体；或是用已知抗原免疫动物后产生的抗体；或是用单克隆抗体技术制备的抗体；或是用基因工程制备的抗体。

（二）天然抗体

天然抗体，是指未患传染病也未注射疫苗而在体内出现的抗体，如天然血型抗体。对“天然抗体”的产生存在两种解释。一是“天然抗体”是异种凝集素，周围环境存在着一些与血型抗原相似的物质，机体接触这些物质后，所产生的交叉反应抗体。比如某些细菌含有与人的A，B抗原相似的抗原，当人们吸入或吞下这些细菌后，便产生交叉反应抗体。二是体内存在“抗原致敏”细胞，不需要抗原刺激就能产生特异性抗体。

（三）自身抗体

自身抗体，即指机体对自身组织成分产生的抗体。人体在某些病理情况下，体内会存在自身抗体。自身抗体的产生可能是致病抗原(细菌、病毒等)与自身成分之间是共同抗原，出现了与自身抗原发生交叉反应的免疫应答；也可能是某些感染因素使自身抗原变性，免疫系统对这些暴露的新抗原产生了自身抗体。

二、免疫球蛋白与抗体的关系

抗体具有免疫功能，是重要的免疫分子。1968年和1972年两次国际会议决定将具有抗体活性或化学结构与抗体相似的球蛋白统一命名为免疫球蛋白。抗体都是免疫球蛋白，而免疫球蛋白不一定都是抗体。例如，骨髓瘤患者血清中，浓度异常增高的骨髓瘤蛋白，其化学结构与抗体相似，但无抗体活性，没有免疫功能，因此，不能称为抗体。免疫球蛋白可以看做是化学结构上的概念，而抗体则是生物学功能上的概念。

三、抗体的生物学功能

作为体液免疫的主要效应分子，抗体必须具有两种功能。一方面，抗体应能特异性识别并结合抗原分子，但这种结合并不能达到消灭病原体的目的；另一方面，为了能够消灭病原体，抗体应能够吸引其他效应细胞或分子来清除携带抗原的病原体。抗体只有在结合抗原后，抗体才能引发分子和细胞效应，抗原抗体结合所致的分子和细胞效应如下。

（一）中和作用

抗体结合抗原后可以阻止病原体感染靶细胞。病毒和胞内寄生菌必须进入细胞内才能生存和繁殖，当抗体与病原体结合后，病原体就不能与宿主细胞结合，也就无法进入宿主细胞繁殖，更无法形成感染灶。

（二）激活补体

抗体结合抗原后可以激活补体系统清除病原体。

（三）调理作用

抗体对病原体只起到结合的作用，它们本身并不具有清除病原体的能力。要想把病原体从体内清除出去，还需要借助其他的效应机制。抗体结合抗原后可以诱导Fc受体介导的清除病原体效应。例如，吞噬免疫复合物、释放各种各样的溶菌酶和杀菌物质等。

（四）并非所有抗体引发的反应都对机体有利

抗体也像许多事物一样，是一把双刃剑。当它用于阻挡外来感染物的侵犯时，对机体是有利的。但是在一些病理条件下，抗体可能会对自身组织发起进攻，会对机体造成伤害。例如，在许多自身免疫疾病中，抗体与自身抗原结合后就会吞噬自身组织。另外，在一些感染性疾病中产生的抗体并不足以对机体产生保护作用，相反这些抗体帮助细胞通过补体或者Fc受体将病原体摄入从而促进感染，即所谓的感染性增强抗体。

第四节　运动对免疫球蛋白（抗体）的影响

运动对免疫球蛋白的影响与运动的性质有关，长时间大强度训练会使血清免疫球蛋白的含量减少，导致免疫功能下降，而短时间大强度的运动后机体免疫球蛋白含量会增加，这种增加与血液浓度变化有关。

一、急性运动对免疫球蛋白的影响

急性运动后，外周血循环中B细胞的数量并无改变，但B细胞合成和分泌免疫球蛋白的功能却出现明显的改变。以75%最大吸氧量强度运动1h，B细胞的百分比数在运动过程和运动结束后2h明显减少，直至运动结束后1天才恢复正常。迄今为止，对B细胞系统这种功能变化的潜在影响还知之甚少。仅有的几个研究认为，急性运动后，B细胞的功能抑制可能是由单核-巨噬细胞的“负调节”作用造成的。如上所述，急性运动后导致的单核-巨噬细胞在外周血中的大量募集，它们所分泌的前列腺素（PGE_2）可刺激增强T抑制细胞分泌T细胞抑制因子，抑制T细胞活性。由于B细胞的功能及Ig的产生需要T细胞的辅助，因此这种“负调节”可连锁反应，最终抑制B细胞的功能。由于加入消炎痛后能部分地逆转B细胞的功能，有些研究者认为急性运动后，Ig合成和分泌下降，并非单核-巨噬细胞的“负调节”作用造成。

关于急性运动对Ig产生的影响的研究，主要集中在分泌型IgA（SIgA）的研究方面。SIgA主要出现在呼吸道和消化道的分泌液中。呼吸道和消化道是机体第一道抗感染防线，其黏膜上皮细胞有直接提呈抗原的功能，与周围的T细胞和B细胞一起组成局部免疫系统或黏膜免疫系统。外来抗原进入呼吸道或消化道，局部免疫系统受到刺激后，无需中枢免疫系统的参与，自身就可进行免疫应答产生分泌型抗体，即SIgA。已有研究证明，呼吸道分泌液SIgA含量的高低直接影响呼吸道黏膜对病原体的抵抗力，两者呈正相关。

运动对唾液SIgA的影响不大。对150名健康青壮年的研究发现，体育活动与安静时唾液SIgA的水平变化无关。但连续从事高强度运动或超长运动却会降低运动员安静时SIgA水平，使其明显低于非运动员。

由于剧烈运动造成免疫功能的暂时低下，使病原微生物容易侵入人体，称为“开窗”理论。有些研究表明，短期高强度运动对SIgA影响不大。然而，大量研究表明，与安静时相比，超长时间运动、重力运动后唾液SIgA浓度明显减少。Lnurel等研究发现，运动员以75%强度连续3天进行90min跑台运动后，唾液SIgA分泌率降低20%~50%，运动后第2、3天均显著低于第1天。苏联学者Petrova等报道，91名运动员在应激增加时，分泌型免疫球蛋白水平下降。另有研究认为，越野滑雪运动员50km力竭性滑雪比赛后2~3h，唾液SIgA显著性降低。以70%~75%VO_2max强度进行2h自行车功率运动，训练有素的自行车运动员运动后即刻唾液SIgA平均下降65%，运动后1~24h逐渐恢复到正常水平，但血清免疫球蛋白水平无变化。

几位学者已从理论上认识到，每一次大强度的运动都会导致免疫功能的短暂显著性降低，持续时间一般为3~72h。在这一免疫改变的“开窗”阶段，细菌和病毒可在体内获得一个立足点，增加其感染的机会，运动员重复进行重用力运动时，上呼吸道感染的发生率可能会增加。研究认为，局部SIgA水平的变化在决定感染最终结果时可起到重要作用。对14名游泳运动员进行6个月的跟踪观察发现，发生过度训练的运动员其唾液SIgA浓度显著低于训练良好的运动员，提示这种由运动诱导的体液免疫抑制可能是过度训练运动员上呼吸道感染发生率高的主要原因，这也进一步支持“开窗”理论。

二、中等强度运动对免疫球蛋白的影响

长期有氧训练会增加机体免疫球蛋白水平。适当的耐力训练使免疫球蛋白水平提高或不发生变化，而伴随环境和心理应激情况下的剧烈运动可逆转这种变化。适当体育活动减少上呼吸道感染的发生率是否与SIgA（黏膜表面分子感染发生的主要物质）水平变化有关，有待进一步探讨。

三、大强度运动对免疫球蛋白的影响

SIgA是由粘膜固有层中浆细胞产生，在浆细胞内由J链连接成双聚体，然后分泌出来。当IgA通过粘膜上皮细胞向外分泌时，与上皮细胞产生的分泌片连接成完整的SIgA释放到分泌液中；分泌片的功能是介导完整的SIgA的合成与转运，并保护IgA使之不受环境中酶的破坏。

浆细胞是由成熟的B细胞离开骨髓进入外周免疫器官后，受抗原刺激活化、增殖分化而成。浆细胞作为B细胞终末细胞，B细胞的功能状况可能影响SIgA的合成与分泌。

SIgA作为阻抑病原体侵入机体的主要抗体，运动可影响其产生和分泌，特别是超长时间、重用力运动；同时其水平变化还受气候条件和心理因素等方面因素的影响。大负荷运动后，短时间内SIgA水平的显著性下降，可能会易于病原体在呼吸道粘膜的粘附和繁殖，这进一步支持了免疫系统的“开窗”理论；如长期进行超长时间运动或重用力运动，可能会使上呼吸道感染的机会进一步增加。

大强度运动可抑制B细胞功能，使免疫球蛋白生成减少，是运动员在训练和赛后易感染疾病的原因之一。已有的研究表明，由于运动引起的上呼吸道感染在非特异性和特异性免疫成分都有变化，这些变化，包括淋巴细胞增殖反应的下降、中性白细胞吞噬活性的降低、NK细胞活性下降，辅助或抑制T细胞比率降低，亦包括SIgA水平的变化。一些优秀运动员，特别在竞赛期唾液免疫球蛋白浓度较低，有研究者把这些现象描述为导致感染增加的重要因素和标志。

Mackinnon等用实验证实，优秀铅球和曲棍球运动员唾液SIgA浓度较低，遭受上呼吸道感染的比率较高。这也在以后高水平游泳运动员的研究中得到进一步证实。即赛季前游泳运动员唾液SIgA水平与感染发生率显著相关，通过训练季节前唾液SIgA水平的测定，可预测游泳运动员的感染发生率。对游泳运动员的另一研究发现，经过轻度、中度、剧烈和逐渐降低负荷这4个阶段后，她们唾液中SIgA水平无论是运动后还是安静状态均下降。提示，长时间剧烈运动能抑制机体粘膜免疫功能，使运动员的呼吸系统在运动后甚至比赛前的休息阶段对疾病的易感性增加。

在运动与SIgA和上呼吸道的研究中，发现可能在某些情况下存在性别上的差异。Schouten测量了84名男性和91名女性唾液SIgA对逐级递增负荷的反应时发现，女性唾液SIgA下降10%，而男性测试后增加10%。同样，游泳运动员的研究发现，女性运动员比男性运动员上呼吸道发病率要高。再有，Heath等报道，非优秀运动员跑步者，男性上呼吸道发病率与女性相比逐年递减。

复习题

1. 简述免疫球蛋白的生物学功能。
2. 简述免疫球蛋白和抗体的关系。

思考与讨论

不同运动是如何影响机体免疫球蛋白的?

参考文献

[1]徐斌，石英，惠威，等. 趋化性细胞因子CCL3L1基因拷贝数与HIV-1易感性研究[J].中国实验诊断学，2012, 16 (12): 2212-2215.

[2] 黄丽英，林文弢，翁锡全. 低氧运动对大鼠促红细胞生成素的影响[J].广州体育学院学报，2006，26 (1):44-47.

[3] 何维. 医学免疫学[M]. 北京:人民卫生出版社，2005.

[4] 张缨. 实用运动免疫学[M]. 北京；北京体育大学出版社，2007.

[5] 马兴铭，丁剑冰. 医学免疫学[M]. 北京: 清华大学出版社， 2013.

第六章 运动与补体

教学目标

掌握补体的组成和免疫学功能；了解运动与补体的最新研究进展和研究状况。

相关概念

补体（Complement，C）：是指存在于人正常血浆或组织液中的一组活化后具有酶活性的蛋白质，如C1、C2、C3、C9、B因子、P因子、CR等。补体在机体的免疫系统中发挥抗感染和免疫调节机能，并参与免疫病理反应。补体是抗体发挥溶细胞作用的必要补充条件，故称为补体。

补体系统（Complement System）：是由30余种血清蛋白、膜结合性蛋白和补体受体组成的多分子系统，是具有重要生物学作用的效应系统和效应放大系统，构成机体相对独立的防御体系。

补体固有成分：指存在于血液和其他体液中，构成补体基本组成的蛋白质，参与补体激活级联反应。

补体调节蛋白：指存在于血浆中及细胞膜表面，通过调节补体激活途径中的关键酶而控制补体活化强度和范围的蛋白分子。

补体受体：指存在于不同细胞膜表面，能与补体激活过程所形成的活性片段相结合，介导多种生物学效应的受体。

补体（Complement，C）：是指存在于人正常血浆或组织液中的一组活化后具有酶活性的蛋白质，如C1、C2、C3、C9、B因子、P因子、CR等。补体在机体的免疫系统中发挥抗感染和免疫调节机能，并参与免疫病理反应，是抗体发挥溶细胞作用的必要补充条件，故称为补体。

补体系统的研究是免疫学最古老的研究领域之一。自19世纪末Bordet发现补体以来，补体研究已经历了一个世纪，目前已基本阐明补体成分的结构与功能以及补体系统的激活机制。现在，补体领域的研究重点已转向补体与适应性免疫的关系、补体与疾病的关系及相关干预策略。

第一节 概 述

一、补体系统的命名

补体通常以“C” 表示。参与补体经典激活途径的固有成分按其被发现的先后被命名为： C1、C2、C3、C4、C5、C6、C7、C8和C9；补体系统的其他成分用英文大写字母表示，如B因子、D因子、P因子、H因子等；补体调节蛋白多以其功能命名，如C1抑制物、C4结合蛋白等；补体活化后的裂解片段，以该成分的符号后面附加小写英文字母表示，小片段用a表示，如C3a，大片段用b表示，如C3b；具有酶活性的成分或复合物在其符号上划一横线表示，如C3b；灭活的补体片段在其符号前加i表示，如iC3b。

二、补体系统的组成

补体系统由30多种蛋白质分子组成，是迄今所知机体中最复杂的一个限制性蛋白水解酶系统。根据功能，可将补体系统30余种蛋白质分为以下三类。

1. 固有成分

指存在于体液中，参与补体激活酶促级联反应的补体成分。包括：甘露糖结合凝激素（Mannan-binding Lectin, MBL）激活途径的MBL相关丝氨酸蛋白酶-1、2；旁路激活途径的B因子、D因子、P因子等；经典激活途径的C1q、

C1r、C1s、C2 、C4；补体活化的共同组分C3、C5、C6、C7、C8、C9。

2．补体调节蛋白

存在于体液中和细胞膜表面的调节控制补体活化的蛋白质分子，包括血浆中H因子、I因子、C1抑制物等。

3．补体受体

存在于某些细胞表面，能够介导补体活性片段或补体调节蛋白发挥生物学效应的受体分子。已发现10余种补体受体，包括CR1~CR5及C3aR、 C4aR、H因子受体等。

三、补体系统的一般性质

产生补体的主要细胞为肝细胞和巨噬细胞，补体多数组分为糖蛋白，在血浆中各成分含量不等，其中C3含量最多，D因子最少。正常生理情况下，补体以非活化形式存在，只有与Ag-Ab结合后才被活化，补体与Ag-Ab的结合无特异性。补体性质不稳定，对热敏感， 56℃、30min可失活，补体在室温时也易失活，0℃~10℃时活性仅能保持3~4日，故应保持在-20℃以下。补体易受理化因素，如UV、酸、碱等因素破坏。补体分子量最大的成分是C1q，含量最多的是C3。

第二节　补体系统的激活

补体系统是高度复杂的生物反应系统。正常情况下，补体固有成分以非活化形式存在于体液中，无生物学功能。在某些激活物质的作用下，或在特定的某些固相物质表面上，补体成分按一定顺序，以连锁的酶促反应方式依次被活化，并表现出多种生物学活性，也称为补体级联反应。

一、补体激活途径

（一）经典途径的激活过程

经典途径又称第一途经，它是抗体介导的体液免疫应答的主要效应方式，抗原抗体复合物依次活化Clq、Clr、C4、C2、C3形成C3与C5转化酶而激活补体。经典途径的整个激活过程可分为识别和活化两个阶段。

1. 识别阶段

抗原和抗体结合后，抗体发生构象改变使Fc段的补体结合部位暴露，补体C1与该结合部位结合，并被激活，这一过程被称为补体激活的启动或识别。

2. 活化阶段

活化的C1s依次酶解C4、C2形成具有酶活性的C3转化酶，后者进一步酶解C3形成C5转化酶，此即经典途径的活化阶段。C1s作用于C4，所产生的小片段C4a释放入液相，大片段C4b可与细胞膜或抗原–抗体复合物结合，补体活化。

（二）旁路途径的激活过程

不经C1、C4、C2途径，而由C3、B因子、D因子参与的激活过程，称为补体活化的旁路途径，又称为第二途径。某些细菌、革兰氏阴性的内毒素菌、酵母多糖、葡聚糖、凝聚的IgA和IgG4及其他哺乳动物均可不通过Clq的活化，而直接“激活”旁路途经。上述成分实际上是提供了使补体激活联级反应得以进行的接触表面。这种激活方式可不依赖于特异性抗体的形成，从而在感染早期为机体提供有效的防御机制。

C3是启动旁路途经并参与其后联级反应的关键分子。在经典途径中产生或自发产生的C3b可与B因子结合，血清中D因子继而将激活状态的B因子裂解成小片Bb，Ba释放入液相，Bb仍附着于C3b，所形成的C3bBb复合物即是旁路途经的C3转化酶，其中的Bb片段具有蛋白酶活性，可裂解C3。C3bBb极不稳定，可被迅速降解。血清中的备解素（ProPerdin，P因子）可与C3bBb结合，并使之稳定。

旁路途经C3转化酶水解C3生成C3a和C3b，后者沉积在颗粒表面并与C3bBb结合形成C3bBb3b，该复合物即旁路途经的C5转化酶，其功能与经典途经的C5转化酶C4b2b3B类似，能够裂解C5，引起相同的末端效应。

（三）甘露糖结合凝集素途径（MBL途径）的激活过程

补体活化的MBL途径与经典途径的过程基本类似，但其激活起始于炎症期产生的蛋白与病原体结合之后，而并非依赖于抗原–抗体复合物的形成。

在病原微生物感染的早期，体内巨噬细胞和中性粒细胞可产生TNF-a、IL-1和IL-6，从而导致机体发生急性期反应（Acutephase Response），并诱导干细胞合成与分泌急性期蛋白，其中参与补体激活的有甘露聚糖结合凝集素（MBL）和C反应蛋白。

MBL是一种钙依赖型糖结合蛋白，属于凝集素家族，可与甘露糖残基结合。正常血清中MBL水平极低，在急性期反应时，其水平明显升高。MBL与Clq并不具有氨基酸序列上的同源性，但二者的分子结构类似。MBL首先与细菌的甘露糖残基结合，然后与丝氨酸蛋白酶结合形成MBL-丝氨酸蛋白酶-1、2（MBL-associated Seirien pro-tease,MASP-1、MASP-2）。MASP具有与活化的Clq同样的生物学活性，可水解C4和C2，继而形成C3转化酶，其后的反应过程与经典途径相同。这种补体激活途径被称为MBL途径（MBL Pathway）。

此外，C反应蛋白也可与Clq结合并使之激活，然后依次激活补体其他成分。

二、补体活化途径的特点

补体激活的三条途径的启动机制有所不同，但均有共同的末端通路。从抗原抗体复合物结合C1q开始的激活途径最先被人们所认识，故称为经典途径。在进化和抗感染免疫形成过程中，最先出现或发挥作用依次是：不依赖抗体的旁路途径、甘露糖结合凝集素途径（MBL）途径，最后才是依赖抗体的经典途径。不依赖抗体的旁路途径和甘露糖结合凝集素途径（MBL）主要参与天然免疫的效应机制，而经典途径主要在特异性体液免疫的效应阶段发挥作用。

三、补体系统活化的调节

补体系统是一个有着精密调控机制的复杂蛋白质反应系统。补体激活受一系列调节机制严格控制，使之反应适度，以防止补体成分过渡消耗和对自身组织造成损伤。

（一）自身衰变调节

补体激活过程中产生的某些中间产物极不稳定，易自行衰变，成为级联反应的重要自限因素。例如，三条激活途径的C3转换酶均极易衰变，从而限制C3裂解及其后的酶促反应。

（二）血浆中补体调节蛋白及其主要作用

1．C1抑制物

为一种糖蛋白，可调节酯酶的活性。

2．C4结合蛋白

为可溶性蛋白，可与C2竞争C4b，阻止C4b与C2结合，从而影响经典途径C3转化酶的形成，C4结合蛋白还是I因子的一种辅助因子，促进I因子诱导的C4b裂解。

3．H因子

能与C3b结合，竞争性抑制B因子与C3b的结合，从而阻止旁路途径C3转化酶的形成。H因子还可辅助I因子，促进C3b水解失活，从而抑制旁路途径C3转化酶的活性。

4．I因子

旧称C3b灭活因子，是可溶性调节因子，具丝氨酸蛋白酶活性。

5．群集素

为血浆糖蛋白，是由相对分子质量均为40000的 a 链和ß链所组成的异二聚体，故又称为SP40/40。群集素可与C5b~C7、C5b~C8、C5b~C9结合，抑制MAC组装，还可与S蛋白协同作用，使膜结合的MAC释放而成为可溶性MAC，使之丧失溶细胞作用。

6．S蛋白

也称玻璃连接蛋白，是一种血浆蛋白，可与C5b67复合物结合，妨碍其插入靶细胞脂质双层膜，从而抑制MAC形成。

7．血清羧肽酶N

又称过敏毒素灭活剂，可去除C3a、C5a羧基末段的精氨酸残基，使之丧失过敏毒素活性。

第三节　补体的生物学功能

补体系统不仅是执行非特异免疫应答的效应分子，而且也参与特异性免疫应答。补体被激活的过程中产生的裂解片段，可介导多种生物学效应。

一、溶解细胞及溶菌、溶病毒作用

补体系统的主要生物学效应是通过酶解激活的级联反应装配某些蛋白酶，生成膜攻击复合体，损伤靶细胞，导致靶细胞溶解。从而发挥抗细菌、抗病毒及抗寄生虫效应。

二、调理作用

补体裂解产物与细菌或其他颗粒性抗原物质结合后，可促进吞噬细胞对该抗原物质的吞噬，称为补体的调理作用。调理吞噬作用可能是机体抵御全身性细菌感染和真菌感染的主要机制之一。

三、维持机体内环境的稳定

可溶性抗原抗体复合物激活补体后，形成抗原-抗体-C3b/C4b复合物，可促进IC被清除。另外，生理条件下，机体经常产生大量的凋亡细胞，多种补体成分可识别和结合凋亡细胞，并通过与吞噬细胞表面相应受体相互作用而清除这些细胞，从而发挥免疫自稳功能。

四、连接天然免疫和获得性免疫的桥梁并参与适应性免疫应答

作为固有免疫应答的重要组成部分，补体不仅在机体早期抗感染机制中发挥重要作用，还参与适应性免疫应答的诱导、活化和增殖阶段以及参与适应性免疫应答的效应阶段。

五、炎症介质作用

补体活化过程中产生的C3a、C4a和C5a等多种具有炎症介质作用的活性片段，这些片段具有下列免疫功能。

1. 激肽样作用

C2b具有激肽样作用，能增加血管通透性，引起炎症性充血，故称其为补体激肽。

2. 过敏毒素作用

C3a、C5a被称为过敏毒素，可分别与肥大细胞、嗜碱性粒细胞表面C3aR、C5aR结合，触发靶细胞脱颗粒，释放组胺和血管介质，引起毛细血管扩张、通透性增加，介导局部炎症反应。

3. 趋化作用

C3a、C5a等具有趋化作用，属于趋化因子。能吸引中性粒细胞和单核-巨噬细胞向炎症部位聚集，发挥吞噬作用，增强炎症反应。

第四节　补体系统相关疾病

正常情况下，机体内补体系统各成分含量相对稳定，被激活后可适时适度地发挥生物学功能。但在某些情况下，补体含量异常与某些疾病的发生有关。

一、补体的遗传性缺陷

几乎所有补体蛋白成分都可发生遗传缺陷。遗传性血管神经性水肿症是一种较为常见的补体缺陷病，为常染色体显性遗传。本病85%患者缺乏C1INH。由于C1INH缺陷，C1的活化得不到有效的控制，致使C4和C2消耗增多，C2的裂解产物C2b具有激肽样活性，能使血管扩张，毛细血管通透性增高，从而引起皮肤和粘膜水肿，严重的喉头水肿可导致窒息死亡。

二、血清补体水平与临床疾病

正常人血浆中补体的含量相对稳定，但在患某些疾病时，补体蛋白的含量可显著降低，出现低补体血症。主要有以下几方面原因：①消耗增多。主要见于自身免疫性溶血性贫血、类风湿性关节炎、链球菌感染后肾小球肾炎、同种异体移植排斥反应等疾病。②大量丧失。多见于大面积烧伤、大出血及肾病综合征。③合成不足。多见于急、慢性肝炎，肝硬化或肝癌患者。相比而言，补体成分的增高多见于组织损伤和感染性疾病的早期和恢复期。某些肿瘤患者可表现为高补体血症，但其生物学意义不明。

三、补体功能异常相关的主要临床疾病

（一）补体功能异常激活可导致炎症性疾病

补体异常激活参与炎症性疾病的发生于发展。C3a、C5a是重要的炎症介质，可促进细胞活化并释放炎症介质，使炎症反应扩大，从而直接或间接导致组织损伤。补体异常活化相关的疾病包括肾炎、老年型痴呆等。

（二）补体与某些传染病有关

经长期进化，病原体尤其是病毒可通过多种途径逃避补体系统的攻击，如多种病原体可利用补体受体或补体调节蛋白作为受体而感染靶细胞，即病原体通过相应补体分子而易化其感染过程。

（三）补体调控蛋白参与肿瘤免疫逃逸

补体依赖的细胞毒作用在机体抗肿瘤免疫机制中起重要作用，但肿瘤细胞可通过各种机制逃避补体攻击。

第五节　运动对补体系统的影响

研究表明，适宜强度的运动训练对运动机体血清C3、C4含量没有明显的影响。急性暴露于模拟3000m海拔高度的低氧环境后，机体C3含量有升高的趋势。

提示急性低氧暴露可能激活补体经典途径和旁路途径。模拟3000m海拔高住低练4周，机体血清C4仅在前2周有升高的趋势，而C3却持续性升高。

复习题

简述补体的免疫学功能。

思考与讨论

运动对补体的影响表现在哪些方面？

参考文献

[1] 马兴铭，丁剑冰. 医学免疫学[M]. 北京：清华大学出版社，2013.

[2] 张璎.实用运动免疫学[M]. 北京：北京体育大学出版社，2005.

[3] 王杨，张玲. 医用运动生理学[M]. 北京：中国医药科技出版社，2010.

[4] 金伯泉. 细胞和分子免疫学[M]. 北京：世界图书出版公司，1998.

[5] 龚非力.医学免疫学[M]. 北京：科学出版社，2012.

[6] 何维. 医学免疫学[M]. 北京：人民军医出版社，2005.

[7] 邱娟，韩笑，王立刚. 运动训练的生理学研究[M]. 长春：吉林大学出版社，2013.

第七章 运动与细胞因子

教学目标

了解运动与细胞因子方面的最新研究进展和研究状况，从运动与细胞因子的角度，探讨运动员的免疫机能或运动对人体免疫能力的影响，分析其影响因素和原因。

相关概念

细胞因子（Cytokine，CK）：是由多种细胞，特别是免疫细胞产生的一类具有多种生物学活性的小分子多肽或糖蛋白。作为细胞间信息传递分子，细胞因子可调节机体的免疫功能，介导炎症反应，刺激造血干细胞增殖分化，参与组织修复，促进伤口愈合等。

白细胞介素（leukinterln, IL）：是一类主要由淋巴细胞、单核-巨噬细胞产生的细胞因子，主要参与调节免疫细胞间相互作用，参与免疫应答、造血以及炎症过程。目前已发现30多种白细胞介素。

干扰素（Interferon, IFN）：是最早发现的细胞因子，因其具有干扰病毒感染和复制的功能而得名。根据来源、结构和理化性质，可将干扰素分为IFN-α、INF-β和IFN-γ三类。

肿瘤坏死因子（Tumor Necrosis Factor, TNF）：是最初发现能使肿瘤组织细胞发生出血性坏死的细胞因子。根据来源和结构不同，主要分为TNF-α和TNF-β两类。

集落刺激因子（Colony Stimulaing Factor, CSF）：是一组在体内外均可选择性刺激造血祖细胞增殖、分化并形成某一谱系细胞集落的细胞因子。包括巨噬细胞集落刺激因子、粒细胞集落刺激因子和粒细胞-巨噬细胞集落刺激因子。

趋化因子（Chemokine）：又称为趋化性细胞因子，相对分子量为8000~12000，对白细胞具有趋化和激活作用，由多种淋巴细胞和非淋巴细胞产生。已发现60余个成员，依据其分子N端半胱氨酸残基的排列，可分为CC、CXC、C、CXXXC四个亚家族。

生长因子（Growth Factor）：是具有刺激细胞生长作用的细胞因子，包括转化生长因子-β（TGF-β）、表皮细胞生长因子（EGF）、血管内皮细胞生长因子（VEGF）、成纤维细胞生长因子（FGF）、神经生长因子（NGF）、血小板衍生的生长因子（PDGF）等。

细胞因子（Cytokine，CK）是由多种细胞，特别是免疫细胞产生的一类具有多种生物学活性的小分子多肽或糖蛋白。作为细胞间信息传递分子，细胞因子可调节机体的免疫功能，介导炎症反应，刺激造血干细胞增殖分化，参与组织修复，促进伤口愈合等。

第一节 细胞因子的分类

细胞因子种类很多，分类方法很多，迄今尚未统一。根据结构和生物学功能，目前多数学者可将细胞因子分为六大类，即白细胞介素（IL）、集落刺激因子（CSF）、干扰素（INF）、肿瘤坏死因子（TNF）、趋化性细胞因子家族（Chemokine）、生长因子（GF）。

一、白细胞介素

（一）白细胞介素

白细胞介素（Ieukinterln, IL）是一类主要由淋巴细胞、单核-巨噬细胞产生的细胞因子，主要参与调节免疫细胞间相互作用，参与免疫应答、造血以及炎症过程。目前已发现30多种白细胞介素。

（二）白细胞介素的主要功能

1．促进细胞免疫

主要有IL-1、IL-2、IL-12、IL-15等。

2．促进体液免疫

主要有IL-2、IL-4、IL-5、IL-6、 IL-10、 IL-13等。

3．刺激骨髓多能造血干细胞和各系不同分化阶段前体细胞生长和分化

主要有IL-3、IL-7、IL-11等。

4．参与炎症反应

主要有IL-1、IL-6、IL-8和IL-16。

二、干扰素

（一）干扰素

干扰素（Interferon, IFN）是最早发现的细胞因子，因其具有干扰病毒感染和复制的功能而得名。根据来源、结构和理化性质，可将干扰素分为IFN-α、INF-β和IFN-γ三类。其中IFN-α主要由单核-巨噬细胞和淋巴细胞产生，包括至少24个以上的亚型；IFN-β主要由纤维细胞产生；IFN-γ主要由活化的T细胞和NK细胞产生。根据受体的不同，IFN-α、INF-β二者又称I型干扰素，IFN-γ又称II型干扰素。

（二）干扰素的主要功能

干扰素的主要功能是抗病毒感染、抗肿瘤和免疫调节。

三、肿瘤坏死因子

（一）肿瘤坏死因子

肿瘤坏死因子（Tumor Necrosis Factor, TNF）是最初发现能使肿瘤组织细胞发生出血性坏死的细胞因子。根据来源和结构不同，主要分为TNF-α和TNF-β两类。

（二）肿瘤坏死因子的主要功能

肿瘤坏死因子的主要生物学功能有以下几点。

1．抗肿瘤

肿瘤坏死因子能直接杀伤某些肿瘤细胞；激活单核-巨噬细胞，间接发挥抑制或杀伤肿瘤作用；损伤血管内皮细胞，促进血栓形成，阻断肿瘤组织局部血液运输，导致肿瘤组织出血、缺氧坏死。

2．免疫调节

肿瘤坏死因子能促进单核-巨噬细胞合成分泌IL-1、表达MHC-II类分子，增强抗原提呈作用；可增强MHC-I类分子表达，增强CTL介导的细胞毒效应；增强T、B细胞对抗原和丝裂原刺激的增殖反应。

3．参与炎症反应

通过激活单核-巨噬细胞、中性粒细胞、血管内皮细胞等的功能，导致炎性介质的大量释放，促进组织炎症反应的发生。

4．致热、形成恶病质

肿瘤怀死因子本身可作为内源性致热源直接作用于下丘脑引起发热，也可刺激单核-巨噬细胞产生IL-1、IL-6、IL-8等内源性致热源而引起发热；刺激骨髓干细胞增殖与分化，产生大量中性粒细胞释放入血；降低心输出量及损伤血管内皮细胞，参与内毒素性休克、弥散性血管内凝血、多器官衰竭、形成恶变质。

四、集落刺激因子

（一）集落刺激因子

集落刺激因子（Colony Stimulaing Factor, CSF）是一组在体内外均可选择性刺激造血祖细胞增殖、分化并形成某一谱系细胞集落的细胞因子。包括巨噬细胞集落刺激因子、粒细胞集落刺激因子和粒细胞-巨噬细胞集落刺激因子。此外，干细胞因子、红细胞生成素、血小板生成素等也是集落刺激因子。

（二）集落刺激因子的生物学功能

集落刺激因子能刺激干细胞分化成不同谱系血细胞以及刺激免疫细胞的增殖和分化：巨噬细胞集落刺激因子能刺激单核细胞前体细胞的增殖与分化；粒细胞集落刺激因子能刺激中性粒细胞前体细胞的增殖、分化与活化；粒细胞-巨噬细胞集落刺激因子能刺激髓样单核细胞的增殖与分化；促红细胞生成素能刺激红细胞的生成；血小板生成素能刺激血小板前体细胞分化成熟等。

五、趋化因子

（一）趋化因子

趋化因子（Chemokine）又称为趋化性细胞因子，相对分子量为8000~12000，对白细胞具有趋化和激活作用的细胞因子，由多种淋巴细胞和非淋巴细胞产生。已发现60余个成员，依据其分子N端半胱氨酸残基的排列，可分为CC、CXC、C、CXXXC四个亚家族。

（二）趋化因子的主要生物学功能

1．CXC亚家族

该亚家族代表成员有中性粒细胞激活蛋白-1（又称IL-8）和血小板因子-4，其主要功能是趋化并激活中性粒细胞，对T细胞和嗜碱性粒细胞也有一定的趋化和激活作用。

2. CC亚家族

代表成员有单核细胞趋化蛋白–1和巨嗜细胞炎症蛋白–1 a /ß，其主要作用是趋化和激活单核–巨噬细胞，对T细胞和嗜碱性粒细胞也有一定的趋化和激活作用。

3. C亚家族

淋巴细胞趋化因子为该亚家族成员，其主要作用是趋化T细胞、B细胞和NK细胞。

4. CXXXC亚家族

分形素是该亚家族成员，其主要作用是趋化单核细胞、T细胞和NK细胞。

六、生长因子

（一）生长因子

生长因子是具有刺激细胞生长作用的细胞因子，包括转化生长因子-β（TGF-β）、表皮细胞生长因子（EGF）、血管内皮细胞生长因子（VEGF）、成纤维细胞生长因子（FGF）、神经生长因子（NGF）、血小板衍生的生长因子（PDGF）等。多种其他未以生长因子命名的细胞因子也具有刺激细胞生长的作用。从这个意义上讲，它们也是生长因子，如IL-2是T细胞的生长因子，TNF是成纤维细胞的生长因子。有些生长因子在一定条件下也可表现对免疫应答的抑制活性，如TGF-β可抑制细胞毒性T淋巴细胞（CTL）的成熟及巨噬细胞的激活。

（二）生长因子的生物学功能

能刺激不同类细胞的生长和分化。

第二节　细胞因子的共同特点

细胞因子种类繁多，来源广泛，各类细胞因子有其独特的分子结构、理化特性及生物学功能，但也具有某些共同特点。

一、细胞因子理化特性

绝大多数细胞因子为低分子量多肽或可溶性糖蛋白。多数细胞因子以单体形式存在，少数细胞因子以二聚体、三聚体或四聚体的形式发挥生物学作用。多数细胞因子以可溶性蛋白的形式分布于组织间质和体液中，某些细胞因子则以跨膜分子形式表达与产生细胞的表面。

二、细胞因子来源和分泌特点

1．细胞因子产生具有多源性

体内多种细胞可以产生细胞因子，归纳起来主要有三大类：①免疫细胞，主要包括T、B淋巴细胞、NK细胞、粒细胞、肥大细胞等；②非免疫细胞，包括血管内皮细胞、成纤维细胞、上皮细胞等；③肿瘤细胞，如骨髓瘤细胞。

2．细胞因子产生具有多向性

一种细胞因子可由不同类型的细胞产生。例如，肿瘤细胞坏死因子可由巨噬细胞和T细胞产生；IL-1可由单核-巨噬细胞、B细胞、内皮细胞、成纤维细胞、表皮细胞等产生。而一种细胞可产生多种细胞因子。例如，T细胞可产生IL-2~IL-6、IL-9、IL-10、IL-13、II型干扰素、肿瘤坏死因子、TNF受体超家族、干细胞集落刺激因子。

3．细胞因子的合成分泌是一个短暂自限的过程

产生细胞因子的细胞受到刺激后，立即启动细胞因子的基因转录即蛋白质合成，但转录过程持续时间短暂，刺激终止后合成也随之终止。

三、细胞因子的作用特点

（一）局部性

细胞因子大多以旁分泌或自分泌方式，作用于临近细胞或产生细胞因子本身。

（二）非特异性

细胞因子对靶细胞的作用通常无抗原特异性。

（三）高效性

细胞因子与相应受体结合具有很高的亲和力，只需极少量就能产生明显的生物学效应。

（四）多效性

一种细胞因子可对多种靶细胞起作用，产生多种生物学效应，如干扰素γ可上调有核细胞表达MHC1类分子，也可激活巨噬细胞。

（五）重叠性

几种不同的细胞因子可对同一种靶细胞起作用，产生相同或相似的生物学效应，如IL-6和IL-13 均可刺激B淋巴细胞的增殖。

（六）拮抗性

一种细胞因子可抑制其他细胞因子的功能表现出拮抗性。例如，IL-4可抑制干扰素γ，刺激Th细胞向Th1细胞分化。

（八）协同性

一种细胞因子可强化另一种细胞因子的功能表现为协同性。例如，IL-3和IL-11共同刺激造血干细胞的分化成熟。

（九）双向性

适量的细胞因子对机体产生生理性的调节作用；过量的细胞因子则可能造成机体的损伤。例如，适量的TNF-α可杀伤肿瘤细胞，过量的TNF-α可引起机体的恶变质。

（十）网络性

细胞因子的产生、生物学作用、受体表达、相互调节等均具有网络特点。

第三节 细胞因子的生物学功能

一、参与调节免疫应答

大多数细胞因子，如IL-1、2、5、6、7、12等具有上调免疫功能的作用，它们可促进T、B淋巴细胞活化、增殖分化，进而合成分泌抗体和/或形成致敏（效应）淋巴细胞，产生体液和/或细胞免疫效应。

I型干扰素（IFN-α/β）、IL-15和IL-12是三种重要的病毒素细胞因子。受到病毒感染的细胞可合成分泌IFN-α/β，IFN-α/β可刺激邻近的细胞合成抑制RNA及DNA病毒复制的酶类使其进入抗病毒状态。IFN-α/β增强NK细胞裂解病毒感染细胞的功能，增强CTL的活性。

IL-12增强激活NK细胞和CD^{8+}T细胞裂解靶细胞的功能。IL-15刺激NK细胞的增殖，抗病毒细胞因子的这些功能有利于消除病毒的感染。

TNF、IL-1、IL-6和趋化性细胞因子又被称为前炎症因子，是启动抗菌炎症反应的关键细胞因子。TNF通过刺激血管内皮细胞粘附分子，使之易粘附于白细胞，刺激单核-巨噬细胞和其他细胞分泌趋化性细胞因子，引起白细胞在炎症部位的聚集。IL-1刺激单核吞噬细胞和内皮细胞分泌趋化因子，刺激血管内皮细胞表达白细胞粘附分子；IL-6刺激肝细胞分泌急性期蛋白。前炎症细胞因子的这些活性有利于抑制和排除细菌。

有些细胞因子，如转化生长因子-β（TGF-β）、IL-4、IL-10和IL-13等，具有下调免疫功能的作用。其中TGF-β为典型的免疫抑制因子，它可抑制各种正常细胞如造血干细胞、T细胞、B细胞、上皮细胞和内皮细胞的生长，并可抑制巨噬细胞和NK细胞的吞噬和杀伤活性。IL-4和IL-10则可通过抑制巨噬细胞的活化和抑制TH1细胞产生IFN-γ、IL-2和TNF-β等细胞因子的作用，使机体细胞免疫功能下降。

二、促进B细胞的生长与分化

在免疫应答和炎症反应过程中，白细胞、红细胞和血小板不断被消耗，因此，机体需要不断从骨髓造血干细胞补充这些血细胞。由骨髓基质细胞和T细胞等产生刺激造血的细胞因子，在血细胞的生成方面起主要作用。有些细胞因子可刺激造血干细胞或不同发育分化阶段的造血细胞增殖分化。目前的研究表明，干细胞因子和IL-3可刺激早期造血干细胞增殖分化；粒细胞-巨噬细胞集落刺激因子可刺激晚期髓系干细胞即粒系干细胞、单核系干细胞和红系干细胞等造血细胞的增殖分化；粒细胞集落刺激因子和巨噬细胞集落刺激因子分别对粒系干细胞和单核系干细胞起作用；红细胞生成素对红系干细胞起作用；IL-6和IL-11对巨核系干细胞起作用；而IL-7则对淋巴系造血细胞即前B细胞和前T细胞起作用，刺激这些前体细胞的生长与分化。

三、介导炎症反应

IL-1、IL-6、TNF-α等炎性细胞因子可促进炎症细胞的活性，增强其吞噬和杀伤作用；在炎症反应早期，IL-1、IL-6、TNF-α可促进肝脏产生急性期蛋白，增强机体抵御致病微生物的侵袭。此外，IL-1、IL-6和TNF-α均为内热原，可作用于体温调节中枢，引起发热。

四、刺激造血细胞的增殖和分化

多种细胞因子具有刺激造血祖细胞的增殖与分化的功能。例如，各种集落刺激因子可作用于骨髓细胞促进其分化为不同谱系的集落细胞。

五、抗病毒和对肿瘤细胞的作用

某些细胞因子作为免疫效应分子可通过直接对组织细胞或肿瘤细胞作用，产生抗感染和抗肿瘤效应。例如，IFN可作用于正常组织细胞，使之产生抗病毒蛋白，从而抑制病毒在细胞内的复制，起到防止病毒感染和扩散的作用。TFN也可发挥干扰素样的抗病毒作用，同时具有直接抑制和杀瘤作用。有些细胞因子则可通过激活效应细胞而发挥作用，如IL-2、IL-12、TNF和IFN等细胞因子单独或联合使用，可增强NK细胞、TCL细胞和巨噬细胞的杀瘤活性或对胞内寄生微生物的杀伤清除作用。

六、诱导细胞凋亡和直接杀伤靶细胞

诱导激活的细胞凋亡是一种重要的免疫应答负调节机制。IL-2可诱导抗原活化的T细胞发生凋亡，进而限制免疫应答的强度，避免免疫损伤的发生，这种IL-2依赖性诱导活化细胞凋亡的机制如果受损则易发生自身免疫性疾病。此外，TNF-α可诱导肿瘤细胞的凋亡。

七、促进创伤的修复

多种细胞因子在组织损伤的修复中扮演着重要角色。例如，TGF-β可通过刺激成纤维细胞和成骨细胞促进损伤组织的修复。

八、参与神经–内分泌–免疫网络调节

神经-内分泌-免疫网络是体内重要的调节机制。细胞因子与神经肽、神经递质、激素均是神经-内分泌-免疫系统网络的关键信息分子，参与对机体整体生理功能的调节。细胞因子可促进或抑制神经细胞分化、成熟、再生以及神经递质、内分泌激素的释放；反之，神经系统和分泌系统也可抑制或促进细胞因子的合成与分泌。

第四节 细胞因子与临床

一、细胞因子与疾病的关系

（一）引发内毒素中毒性休克

感染G^-菌等病原体时，菌体脂多糖（内毒素）释放，刺激单核-巨噬细胞、中性粒细胞过度表达IL-1、TNF-α和IL-6等促炎性细胞因子，可导致产生内毒素中毒性休克，重者可产生弥散性血管内凝血而导致死亡。

（二）与某些肿瘤的形成有关

细胞因子及其受体异常表达与某些肿瘤的形成密切相关。例如，某些肿瘤细胞可通过分泌大量TGF-β和IL-10等细胞因子，对巨噬细胞、NK细胞和CTL细胞的杀瘤活性产生抑制作用。

（三）与某些免疫相关性疾病的发生有关

1. 与免疫缺陷病

某些细胞因子或其受体缺陷可引发免疫缺陷病。

2. 与Ⅰ型超敏反应

体内Th1细胞和Th2 细胞之间的动态平衡被破坏，Th2 细胞功能异常增高，产生过量IL-4、5、6和13等细胞因子，导致特异性IgE类抗体产生，引发Ⅰ型超敏反应。

3. 与自身免疫病

体内Th1细胞功能异常升高，产生过量IFN-γ，可诱导自身组织细胞表达MHC-II类分子，使相应自身反应性T细胞活化，引发自身免疫疾病，如胰岛素依赖型糖尿病。

4. 与移植排斥反应

IL-2和IFN-γ等细胞因子参与急性移植排斥反应。

二、细胞因子在临床疾病防治中的应用

目前，有一些细胞因子在临床某些疾病的防治中已得到初步应用。

（一）感染性疾病

IFN已用于病毒性肝炎、角膜炎和感染性生殖器疣的治疗；IL-2用于艾滋病的辅助治疗；重组IL-1R可通过阻断IL-1与IL-1R的结合，降低临床内毒素性休克的病死率。

（二）肿　瘤

IFN 已用于淋巴瘤、黑色素瘤、多发性骨髓瘤和浅表膀胱癌的治疗；IL-2与肿瘤疫苗联合使用，可通过增强Tc和NK细胞杀伤活性等作用机制，达到防治肿瘤的目的。

（三）免疫相关性疾病

1．超敏反应

IFN-γ可通过抑制IL-4对IgE抗体的诱生作用，对I型超敏反应产生防治作用。

2．自身免疫病

IL-10可通过对Th1细胞和吞噬细胞的抑制作用，使类风湿性关节炎滑膜内TNF-α、IL-1和其他炎性介质分泌减少，已获得较好的疗效。

3．血小板减少症

多种细胞因子可用于血细胞减少症的治疗。例如，GM-CSF、M-CSF和G-CSF可用于白细胞减少症的治疗；TPO和IL-1 可用于治疗放疗和化疗引起的血小板减少症；EPO可用于治疗各种原因引起的贫血。

4．移植排斥反应

IL-2与生物毒素形成的融合蛋白可定向杀伤IL-2R的靶细胞，已用于移植物抗宿主反应或宿主抗移植物反应。

第五节　运动对细胞因子的影响

体育运动能影响局部和全身细胞因子的产生，细胞因子可被体育活动上调，这个过程可能是短暂的，也可能是很长的。

一、运动对细胞因子的影响

（一）运动与白细胞介素

1．运动与IL–1

IL-1主要由单核-巨噬细胞产生，包括IL-1α和IL-1β。IL-1α大多数情况下停留于细胞浆中，其前体和成熟体都有活性；IL-1β只有被存在于单核细胞胞浆中的半胖氨酸蛋白酶IL-1β转化酶（ICE）裂解后才有活性。在非吞噬细胞中，IL-1β停留在胞浆中，单核-巨噬细胞产生的IL-1β有40%~60%以囊泡、主动运输、渗漏或细胞死亡的形式出胞。IL-1在飞克（fg）到皮克（pg）浓度之间发挥生理学作用，超过此浓度，则表现出细胞毒性作用。IL-1对机体的作用包括低血压、发热和对环境缺乏兴趣。它通过作用于血管、心肌细胞，影响钠的转运、抑制心肌自发性收缩的节律，降低其对β-肾上腺能刺激的敏感性从而降低血压。在中枢神经系统，IL-1是一种强力的致热原，其受体遍布于整个下丘脑。注射IL-1后，室周器官的内皮细胞释放花生四烯酸的代谢产物。小鼠注射IL-1后对环境缺乏兴趣，嗜睡，食欲不振。有人推测这种反应与人类生病时的症状特征相类似。因此，IL-1可能是引起与感染和过度训练有关的很多症状的原因。此外，它还调节炎症反应，刺激细胞增殖。IL-1特异性地作用于单核吞噬细胞和血管内皮细胞，以进一步增加IL-1合成并诱导IL-6的合成。Cannon和Kluger在1983年发表了第一篇有关运动诱导细胞因子产生的文章。他们将受试者运动后的血浆注射到大鼠的腹膜内，引起了大鼠直肠温度升高。而运动前的血浆不能产生这种效果。这种引起发热的物质对热不稳定，分子量是14000Da。运动后人体单核细胞体外培养释放的因子也引起了小鼠体温的升高。这些结果提示，运动期间机体释放内源性致热原。研究显示，尽管运动本身能产生有限的IL-1，但随后的有丝分裂刺激使运动的效应放大，这不仅有助于检测这些细胞因子，也有利于研究运动对免疫的激活作用。IL-1的释放主要依赖于运动的类型和强度，很少受运动持续的时间的影响。IL-1是运动应激刺激释放的首批细胞因子之一。

2．运动与IL–6

IL-6是由多种免疫细胞和非免疫细胞产生的分子量为20~30kDa的糖蛋白，表达IL-6受体的细胞包括肝细胞、B细胞、T细胞和部分分化的骨髓细胞、骨细胞及各种肿瘤细胞系。IL-6最重要的功能是作用于产生IL-1和TNF的肝细胞、B细胞和单核-巨噬细胞，发挥多种生理作用。在几个已知的有内源性致热作用的细胞因子中，IL-6与发热程度的相关性最大，它还是急性期反应（APR）最有效的介质之一，并且能促进垂体前叶产生ACTH，使肾上腺皮质产生糖皮质激素。IL-6对巨核细胞和血小板生成的作用十分明确。在体和离体的研究均显示，IL-6能单独或与IL-3协同作用，促进造血干细胞增殖，部分或全部发育为巨核细胞谱系。IL-6单独使用或与IL-3一起使用，与血小板数量增加均呈量效关系。IL-6也作为抗原或有丝分裂原诱导T细胞激活，同时它还是B细胞最终成熟所需的细胞因子。在诸如系统性红斑狼疮和类风湿性关节炎等各种自身免疫性疾病的病理过程中，IL-6也扮演着重要的角色。另外，IL-6还和其他炎症性细胞因子一起，选择性激活破骨细胞，引起骨吸收。如前所述，IL-6是一种促炎性细胞因子，但它可能同时具有抗炎性细胞因子的特性。例如，在癌症病人，IL-6诱导TNF结合蛋白（TNF-BPs）和IL-1R的产生和释放，从而缓冲另一些促炎性细胞因子引起的严重后果。IL-6是运动中产生量最多的一种细胞因子，IL-6的生成与运动后急性期反应有关。

（二）运动与肿瘤坏死因子

TNF主要是单核-巨噬细胞的产物，也可由T淋巴细胞、Kupffer细胞，神经细胞及内皮细胞等产生。TNF α 和TNF β 的序列有30%的同源性，它们对生长因子、细胞因子、细胞表面蛋白和急性期蛋白表达的影响有交叉作用。前TNF α 被尚未明确的蛋白酶分解，形成成熟的TNF α 。在体内，金属蛋白酶受抑制能阻断TNF α 的分泌，提示炎症受到机体的严密调节，大部分细胞表达TNF受体。两种TNF受体亚型的胞外段（TNF结合蛋白）有明显的同源性，但胞内没有同源性，说明他们有不同的生物学活性。可溶性TNF受体可减轻TNF诱导的强烈炎症反应。TNF α 是一种强大的可引起肿瘤坏死的物质，干扰素（IFN）与TNF α 协同作用介导肿瘤细胞的杀伤。像IL-1一样，TNF α 诱导各种粘附分子在细胞表面的表达，从而提高炎症部位白细胞的附壁作用。TNF也是一种强力的内源性致热原，据推测它是通过调节生理性体温调定点来发挥作用的。然而用小鼠进行的脂多糖引起发热的研究揭示：TNF也可作为内源性降温物质和解热剂发挥作用，引起组织消耗是TNF α 的一个特征性作用。至于细胞因子对肌肉的作用，大多数作者认为促炎性细胞因子可引起肌肉分解，但是这方面也有一些相互抵触的报道。从体内实验得到的证据显示，IL-1、TNF α 和IL-6能促进蛋白质的分解代谢、但体外实验不支持这个观点。运动后数天，骨骼肌中存在IL-1，提示IL-1可能参与持久的肌肉损害或蛋白质分解。已经发现运动结束后，IL-1在肌肉中升高大于5天之久。补充支链氨基酸可减少蛋白质的净分解，但不能减少IL-6，提示IL-6与长时间离心运动后的肌肉分解代谢没有密切的关系。

（三）运动与集落刺激因子

研究表明，长期递增负荷跑台运动能增加血清粒细胞集落刺激因子，而对血清粒细胞-单核细胞集落刺激因子没有影响。此外，运动性贫血可能和粒细胞集落刺激因子的改变有关。

（四）运动与促红细胞生成激素

成人90%促红细胞生成素由肾脏合成，新生儿和胎儿的促红细胞生成素主要由肝脏生成。促红细胞生成素的生理功能是促进红细胞生成。在临床上，促红细胞生成素对于各种原因引起的贫血症状是一种很有效、安全的治疗方法。此外，促红细胞生成素还具有神经保护作用和营养功能，可以在缺氧时促进神经元的存活，它通过神经传递素的释放，影响神经传递，并可以用于神经疾病，如帕金森综合征、痴呆的认知功能障碍等的治疗。1989 年，国际奥委会医学委员会将促红细胞生成素正式列为禁用药物。

（五）运动与干扰素

γ-干扰素在机体免疫机能中扮演重要的角色，其免疫调节功能较α-和β-干扰素强1000倍。因此，γ-干扰素在运动训练过程中的动态变化以及与运动恢复期机体免疫机能的关系日益受到重视。IFN-γ主要由活化的NK细胞和T细胞产生，是最具有代表性的Th1类细胞因子，对细胞免疫具有重要的调节作用。IL-4主要由活化T细胞产生，是最具有代表性的Th2类细胞因子，对体液免疫具有重要的调节作用；IFN-γ/IL-4保持一定的比值，是机体免疫系统发挥正常功能的保证。研究表明，大强度的运动能导致IFN-γ/IL-4失衡，引起Th1向Th2漂移，是引发运动员上呼吸道感染的重要原因。

（六）运动与肌肉生长抑制素

肌肉生长抑制素又称生长分化因子，是转化生长因子-β超家族的成员；主要由骨骼肌合成，多以无活性的前体蛋白形式存在，主要抑制出生前肌肉发育和出生后肌肉的肥大。肌抑素信号的抑制可能有利于预防和治疗肥胖和糖尿病。研究表明，摔跤运动员两周减体重等速力量训练与肌肉生长抑素含量相关。

（七）运动与转化生长因子-β

转化生长因子-β广泛存在于动物正常组织细胞中，以骨组织和血小板含量最丰富。其主要生理功能是：促进细胞增殖；促进血管生成；促进骨折愈合；促进软骨缺损修复；促进韧带和肌腱的修复；保护神经系统免受损伤。研究表明，递增负荷运动通过调节大鼠胫骨雌激素受体和转化生长因子-β1的表达而参与运动对骨量的调节。

（八）运动与表皮细胞生长因子（EGF）

表皮细胞生长因子的主要作用是促进皮肤细胞的增殖、分化，加速受伤表皮细胞的修复，加速新陈代谢，提高新细胞在皮肤中所占的比例，它能起到延缓皮肤细胞衰老，使皮肤滋润光滑的作用，还有抑制胃酸分泌等特殊的效果。是决定肌肤活力和健康的源泉，从而使皮肤变得年轻，因此，EGF又被科学界誉为“美丽因子”，受到全球女性的青睐，在医药上有很广的用途。

（九）运动与血管内皮生长因子（VEGF）

血管内皮生长因子是血管内皮细胞特异性的肝素结合生长因子，可在体内诱导血管新生，VEGF是高度保守的同源二聚体糖蛋白，VEGF及其受体基因多态性与有氧运动能力表型的关联研究；不同负荷游泳运动对小鼠心电活动和心肌血管内皮细胞生长因子表达的影响；模拟高住低训对小鼠肺血管内皮生长因子的影响；不同负荷游泳运动影响小鼠血管内皮生长因子在心室肌和心房肌中的不同表达。

（十）运动与成纤维细胞生长因子

成纤维细胞生长因子最初是从垂体和大脑提取液中获得，由于能促进成纤维细胞分裂而获名，又称为肝素亲和生长因子，目前已知的至少有23个因子，按等电点的不同可将成纤维细胞生长因子分为酸性成纤维细胞生长因子（成纤维生长因子-1）和碱性成纤维细胞生长因子（成纤维生长因子-2）。其主要生理学功能是：促进胚胎生长、组织形成与修复、炎症和血栓形成、肿瘤发生。

（十一）运动与血小板衍生生长因子

血小板衍生生长因子是一种强效的促细胞分裂原和重要的血管生长因子，由血小板、组织细胞和肿瘤细胞产生，在细胞的生长、增殖、分化等过程中起重要的调节作用。

（十二）运动与神经生长因子

神经生长因子是生长因子家族最早发现的成员之一，是一类具有维护交感神经及感觉神经的生长、发育、功能以及促进创伤修复的多功能细胞因子。此外，神经生长因子还能促进血管生成，刺激肾上腺嗜铬细胞有丝分裂。

（十三）运动与肌肉因子

骨骼肌既是运动器官，又是人体重要的内分泌器官，肌肉分泌的细胞因子称肌肉因子，目前发现，骨骼肌分泌的细胞因子包括白介素家族的 IL-1α、IL-1β、IL-2、IL-4、IL-5、IL-6、IL-7、IL-8、IL-10、IL-12、IL-15等 、胰岛素样生长因子-1（IGF-1）和肿瘤坏死因子-α（TNF-α）等。

Irisin是新发现的一种细胞因子。研究表明，运动可诱导骨骼肌表达过氧化物酶体增殖物激活受体-γ辅助激活因子1α（PGC-1α），而PGC-1α能促进骨骼肌细胞产生Irisin。

（十四）运动与机械生长因子

机械生长因子是肌肉受到牵拉刺激后，产生的一种胰岛素样生长因子剪切异构体，与骨骼肌肥大，局部组织修复，肌肉质量丢失和废用性肌萎缩有关。

（十五）运动与胰岛素样生长因子

胰岛素样生长因子是调节胚胎和出生后生长的主要因子，目前发现的胰岛素样生长因子有两种：胰岛素样生长因子-1和-2，血清中的胰岛素样生长因子主要由肝脏和骨骼肌合成。在血浆中胰岛素样生长因子通常与结合蛋白组合，以复合物形式存在，可减缓胰岛素样生长因子的代谢清除，胰岛素样生长因子又叫生长素介质，是生长激素诱导靶细胞产生的一种具有促进生长作用的肽类物质，因为化学结构与胰岛素相近，而称为胰岛素样生长因子。胰岛素样生长因子的生物学功能：①促生长。其中胰岛素样生长因子-1主要是促进出生后生长，而胰岛素样生长因子-2主要是促进胚胎期生长；②促进细胞增殖，抑制细胞凋亡；③促进物质代谢，使糖原合成增加，降低血糖浓度。

运动与胰岛素样生长因子是双向作用。一方面，胰岛素样生长因子能提高运动能力，是一种兴奋剂。另一方面，运动作为一种应激手段，能够提高肝脏、骨骼肌分泌胰岛素样生长因子-1，进而促进肌细胞生长、促进肌肉蛋白合成、抑制肌肉蛋白分解，提高运动能力。

二、细胞因子对运动应答的可能机制

（一）运动、骨骼肌与细胞因子

运动引起的炎症反应可引起细胞因子释放。

（二）运动、循环血液中单核细胞与细胞因子

剧烈运动过程中和运动后即刻，循环血液中表达促炎性细胞因子的单核细胞百分比上升，可能是运动引起血清细胞因子水平上升的一种来源。

（三）运动、应激激素与细胞因子

应激激素是机体为了应激而产生的激素，随致激因子的不同而不同。下丘脑-垂体-甲状腺轴和下丘脑-垂体-肾上腺轴所产生的激素与应激密切相关。许多神经内分泌因子、细胞因子和免疫调节因子都参与其中。运动通过影响应激激素的释放，进而会影响细胞因子的释放。

（四）运动、温度与细胞因子

运动通过升高体温可抑制一些细胞因子的产生。

（五）运动、内毒素血症与细胞因子

促炎性介质是内毒素致病的重要介质，急性运动能刺激抗炎物质的提高。研究表明，身体活动或运动训练水平比较高能引起抗炎作用，运动训练抗炎症先于训练适应。

参考文献

[1] 张瓔. 实用运动免疫学[M]. 北京：北京体育大学出版社，2005.

[2] 王杨，张玲. 医用运动生理学[M]. 北京：中国医药科技出版社，2010.

[3] 金伯泉. 细胞和分子免疫学[M]. 北京：世界图书出版公司，1998.

[4] 龚非力. 医学免疫学[M]. 北京：科学出版社，2012.

[5] 何维. 医学免疫学[M]. 北京：人民军医出版社，2005.

[6] 邱娟，韩笑，王立刚. 运动训练的生理学研究[M]. 长春：吉林大学出版社，2013.

[7] 马兴铭，丁剑冰. 医学免疫学[M]. 北京：清华大学出版社，2013.

第八章 运动与免疫应答

教学目标

通过学习本章内容，要求掌握固有免疫应答和适应性免疫应答的组成和特点，认识固有免疫应答和适应性免疫应答的关系以及运动对免疫应答的影响。

相关概念

免疫应答（Immune Response）：抗原物质进入机体，激发免疫系统发生一系列反应以排除抗原的过程。

体液免疫（Humoral Immunity）：B细胞活化产生特异性抗体发挥免疫效应的过程。

细胞免疫（Cellular Immunity）：是从初始T细胞接受抗原刺激到分化成效应T细胞并将抗原清除的过程。

初次免疫应答（Primary Immune Response）：第一次接触某一抗原产生的免疫应答。

再次免疫应答（Secondary Immune Response）：第二次接触某一抗原时发生的加速和增强的免疫应答。

正免疫应答（Positive Immune Response）：正常情况下对非己抗原的排异效应，免疫细胞接受抗原刺激，产生免疫应答效应产物，从而对诱发的抗原发挥排除效应，如抗感染免疫或抗肿瘤免疫等。

负免疫应答（Negative Immune Response）：指生物个体的免疫系统对抗

原刺激不产生免疫应答或仅产生不易察见的免疫应答，包括免疫耐受、免疫麻痹、免疫缺陷、免疫抑制四种状况。

固有免疫应答（Innate Immunity）：是指机体与生俱有的抵抗体外病原体侵袭、清除体内抗原性异物的一系列防御能力。

适应性免疫应答（Adaptive Immune Response）：是指体内抗原特异性T/B淋巴细胞接受抗原刺激后，自身活化、增殖、分化为效应细胞，产生一系列生物学效应的全过程。

吞噬细胞（Phagocyte）：是一类具有吞噬杀伤功能的细胞，主要由单核/巨噬细胞和中性粒细胞组成，是固有免疫系统的主要效应细胞。

自然杀伤细胞（Natural Killer Cell）：无需抗原刺激，就可直接杀伤某些肿瘤、病毒或胞内寄生菌感染的靶细胞。

靶细胞（Target Cell）：指被病毒感染的细胞或能被进入细胞内生长的细菌所感染的细胞以及突变的自身细胞。

第一节 概 述

免疫应答（Immune Response），是指抗原物质进入机体，激发免疫系统发生一系列反应以排除抗原的过程，即免疫细胞识别、摄取、处理抗原，继而活化、增殖、分化，产生免疫效应的过程。这个过程是免疫系统各部分生理功能的综合体现，包括抗原递呈、淋巴细胞活化、免疫分子形成及免疫效应发生等一系列的生理反应。通过有效的免疫应答，机体得以维护内环境的稳定。但某些情况下，免疫应答也可能对机体造成损伤，引起超敏反应或其他免疫性疾病。

免疫应答可根据效应机理、效应结果、抗原进入机体的时间和次数、是否产生排斥效应以及来源来分类。

一、按效应机理分类

按效应机理，可将免疫应答分为体液免疫和细胞免疫两大类。

（一）体液免疫

即B细胞活化产生特异性抗体发挥的免疫效应。成熟的B细胞离开骨髓后进入外周，如果它们没有遭遇相应的抗原，就在数周内死亡；若遭遇相应的抗原，则通过BCR（B细胞抗原受体）识别抗原并与之结合，同时在协同刺激信号的共同作用下，诱导B细胞活化、增殖、分化成浆细胞，产生抗体发挥免疫效应。由于抗体存在于体液中，故将B细胞介导的免疫应答称为体液免疫应答。

（二）细胞免疫

主要由特异性T细胞活化发挥的免疫效应。T细胞受到抗原刺激后，增殖、分化、转化为效应T细胞，当相同抗原再次进入机体的细胞中时，效应T细胞对抗原的直接杀伤作用及效应T细胞所释放的细胞因子的协同杀伤作用，统称为细胞免疫。

二、根据效应结果分类

根据效应结果可将免疫应答分为生理性免疫应答和病理性免疫应答。

（一）生理性免疫应答

主要作用是清除有害物。

（二）病理性免疫应答

会引起组织损伤或功能障碍。

三、根据抗原进入机体的时间和次数分类

根据抗原进入机体的时间和次数可将免疫应答分为初次免疫应答和再次免疫应答。

（一）初次免疫应答

发生在免疫系统遭遇某种病原体第一次入侵时，此时免疫系统对感染产生抗体，帮助清除体内抗原。几天后，抗体浓度水平开始下降，直到再次遇到抗原。初次应答是对以前未见过的病原体的应答过程。初次应答的过程很慢，发生在初次感染前几天，要用几周时间清除感染。

（二）再次免疫应答

指第二次接触抗原时发生的加速和增强的免疫应答。免疫系统对感染病原的首次入侵产生记忆作用，当相同病原体再次入侵时，会产生更快和更强的免疫应答，即再次免疫应答，又称回忆应答。

四、根据是否产生排斥效应

根据是否产生排斥效应可将免疫应答分为正免疫应答和负免疫应答。

（一）正免疫应答

指正常情况下对非己抗原的排异效应，免疫细胞接受抗原刺激后，产生免疫应答效应产物，从而对诱发抗原发挥排除效应，如抗感染免疫或抗肿瘤免疫等。

（二）负免疫应答

是指生物个体的免疫系统对抗原刺激不产生免疫应答或仅产生不易察见的免疫应答，包括免疫耐受、免疫麻痹、免疫缺陷、免疫抑制四种状况。

五、根据来源分

根据种系和个体免疫系统的进化、发育和免疫效应机制及其作用特征，通常把免疫应答分为固有免疫应答和适应性免疫应答。

（一）固有免疫应答

又称天然免疫（Ntural Immunity）或非特异性免疫（Nonspecific），是指机体与生俱有的抵抗体外病原体侵袭、清除体内抗原性异物的一系列防御能力。固有免疫应答的作用由体内长期进化成的固有免疫系统来执行。固有免疫的特点为遗传获得，针对病原体及异物的入侵可迅速应答，其应答模式和强度不因与病原微生物的反复接触而改变。参与固有免疫应答的细胞有单核-巨噬细胞、树突状细胞、粒细胞、NK细胞和NKT细胞等。

（二）适应性免疫应答

又称获得性免疫应答（Acquired Immune Response）或特异性免疫应答（Specific Immune Response），是指体内抗原特异性T/B淋巴细胞接受抗原刺激后，自身活化、增殖、分化为效应细胞，产生一系列生物学效应的全过程。

第二节 运动与固有免疫应答

固有免疫应答是指固有免疫分子和固有免疫细胞在遇到病原体或其他异物时，被即刻激活并发挥生物学效应，将病原体和异物清除的过程。固有免疫应答出现在宿主抗感染应答的早期阶段，以抗原非特异性方式识别和清除各种病原体，是宿主免疫防御的第一道和第二道防线，并启动和参与适应性免疫应答。

一、参与固有免疫应答的组织、细胞和效应分子

在固有免疫应答中，第一道防线由皮肤和黏膜组成，而第二道防线由溶菌酶和吞噬细胞组成。

（一）组织屏障及其作用

人体的固有免疫屏障是机体抵御微生物入侵的第一道防线，组织屏障主要有皮肤、黏膜及其附属成分、血脑屏障和血胎屏障。

1. 皮肤、黏膜及其附属成分的屏障作用

覆盖于全身外表面的皮肤和与外界相通的腔道表面黏膜组织构成了皮肤、黏膜屏障，人体的表皮层和黏膜层不仅是对感染的生理屏障作用，同时也是产生杀菌或抑制微生物生长的化学物质，成为机体抵御微生物入侵的第一道防线。包括：物理屏障、化学屏障、微生物屏障。

（1）物理屏障由表皮、黏膜组成。人体的表皮细胞排列紧密，阻止了外源有害物质的入侵。消化道、呼吸道、泌尿生殖道的黏膜上皮细胞屏障作用较弱，但可通过其他方式排除入侵黏膜表面的病原菌。随呼吸进入呼吸系统的病原微生物将被上呼吸道和肺泡黏膜绒毛的上排运动所清除；胃肠道的蠕动可驱逐进入胃肠道的病原微生物；进入尿道的病原体可随尿液排出。

（2）化学屏障由各种体液中的化学物质成分组成。皮肤和黏膜可产生分泌液，含有多种杀菌和抑菌物质，如汗液中的乳酸，胃液中的胃蛋白酶，胃液等。

（3）微生物屏障由人体的呼吸道、消化道和泌尿生殖道黏膜上寄生的多种对正常机体有益的菌群组成。这些正常菌群形成一种不利于外来菌群繁殖的微环境，发挥着重要的微生物屏障作用。

2．体内屏障

病原性微生物如果突破皮肤、黏膜进入宿主体内，机体还可通过体内屏障阻止微生物感染。

（1）血脑屏障

由介于血循环与脑实质间的软脑膜、脉络丛的毛细血管壁和包在壁外的星形胶质细胞形成的胶质膜所组成，其组织结构致密，能阻止血液中的病原体和其他大分子物质进入脑组织及脑室。可分为血-脑屏障、血-脑脊液屏障、脑脊液-脑屏障三个层次。

血-脑屏障(Blood-Brain Barrier)：脑和脊髓内的毛细血管为完整而连续的毛细血管基膜，内皮细胞无窗孔，毛细血管基膜外有星形胶质细胞突起形成的胶质膜。

血-脑脊液屏障（Blood-CSF Barrier）：由无孔的毛细血管壁组成，氧气和二氧化碳很容易通过，而离子的通透性则很低。

脑脊液-脑屏障（CSF-Brain Barrier）：脑脊液与脑、脊髓的神经细胞之间的一种屏障，脉络膜上皮之间主要为缝隙连接，不能有效地限制大分子通过，屏障作用较低。因此，脑脊液的化学成分与脑组织细胞外液的成分大致相同。

（2）血胎屏障

由母体子宫内膜的基蜕膜和胎儿绒毛滋养层细胞共同构成。此屏障能防止母体内病原体和有害物质进入胎儿体内，但不防碍母子间营养物质的交换，从而保护胎儿免遭感染，使之正常发育。孕早期因胎盘屏障功能不健全，易发生胎儿宫内感染，引起胎儿的损害。

（二）固有免疫细胞及其作用

固有免疫细胞主要包括吞噬细胞（中性粒细胞和单核-巨噬细胞）、树突状细胞、自然杀伤细胞、泛特异性识别抗原的T细胞和B细胞（如NKT细胞、gdT、

B1细胞等）、肥大细胞、嗜碱性粒细胞、嗜酸性粒细胞等。

1．吞噬细胞

是一类具有吞噬杀伤功能的细胞，主要由单核/巨噬细胞和中性粒细胞组成，是固有免疫系统的主要效应细胞。包括，① 中性粒细胞：具有很强的变形运动和穿越毛细血管壁的能力。② 单核-巨噬细胞：是定居在各种组织中的细胞，单核细胞从血液迁移到不同的组织分化成为组织特异性的巨噬细胞。

2．自然杀伤细胞

无需抗原刺激，就可直接杀伤某些肿瘤、病毒或胞内寄生菌感染的靶细胞。

3．gdT细胞

是T细胞中的一个小亚群，其TCR由 γ 和 δ 链组成，主要分布于黏膜和上皮组织。

4．NKT细胞

是一群细胞表面既有T细胞受体（TCR），又有NK细胞受体的特殊T细胞亚群，主要分布于肝脏、骨髓和胸腺。

5．B1细胞

成熟的B1细胞主要分布于腹腔、胸腔和肠壁固有层中。B1细胞没有免疫记忆，不需要T细胞的辅助。

（三）固有免疫分子及其作用

固有免疫分子是发挥抑菌、杀菌、启动和参与固有免疫应答的效应分子。血液、各种分泌液组织液中含有补体、溶酶菌、抗菌蛋白和细胞因子等物质，构成了机体固有免疫分子。

1．补体系统

病原微生物克服屏障结构侵入机体后，可激活补体系统，由此而产生溶菌或病毒溶解作用。补体激活后的活性片段，具有加强固有免疫对病原体的杀伤作用。

2. 细胞因子

病原体感染机体后，可刺激免疫细胞和感染的组织细胞产生多种具有不同生物学作用的细胞因子。

3. 防御素

是一组耐热蛋白酶的小分子多肽，对细菌、真菌和病毒有直接杀伤作用。

4. 溶菌酶

低分子量不耐热的碱性蛋白，广泛存在于各种体液、外分泌液和吞噬细胞溶酶体中，还可激活补体和促进吞噬作用。

5. 乙型溶素

是血清中的一种对热稳定的多肽，在血浆凝固时由血小板释放，可作用于革兰氏阳性菌的细胞膜。

二、固有免疫应答的作用时相

（一）瞬时固有免疫应答时相

当病原微生物或外来异物进入机体后，主要有巨噬细胞的吞噬清除作用，并且促炎性细胞因子可活化中性粒细胞，活化后的中性粒细胞可穿过血管内皮细胞进入感染部位，发挥强大吞噬杀菌效应。当感染因子不能被清除时，进入固有免疫应答早期时相。

（二）早期固有免疫应答时相

在低分子量炎性介质作用下，局部血管扩张，通透性增强，血管内补体、抗体等免疫效应分子和吞噬细胞进入感染部位。血小板活化因子可使局部血管内皮细胞和血小板活化，引起血凝形成血栓封闭血管，从而有效阻止局部病原体进入血流向全身扩散。促炎性细胞因子作为内热原，可作用于下丘脑体温调节中枢引起发热，对体内病原体的生长产生抑制作用。刺激骨髓细胞生成大量中性粒细胞，进入血液以提高机体抗感染免疫应答能力。

（三）适应性免疫应答的启动

发生于感染96h之后，活化巨噬细胞作为专职的抗原提呈细胞，可将摄入的病原体等外源性抗原或内源性抗原加工处理为具有免疫原性的小分子多肽，随后经淋巴、血液循环进入外周免疫器官，通过与抗原特异性淋巴细胞之间的相互作用，诱导产生特异性免疫应答。

三、固有免疫应答的特点

（一）无特异性

固有免疫应答主要由固有免疫细胞和固有免疫分子介导，对“非己”异物的识别缺少特异性，可识别多种病原微生物共同表达的分子，并迅速产生免疫效应。

（二）无识别性

固有免疫细胞不需经克隆扩增，即可迅速产生免疫效应，即不需要识别。

（三）无记忆性

固有免疫细胞寿命较短，在对病原微生物的应答过程中不能产生免疫记忆，通常也不会形成免疫耐受。一个特定病原微生物的反复入侵体内并不改变固有免疫应答的应答模式。

四、运动对固有免疫应答的影响

（一）适当运动对固有免疫应答的影响

中等强度运动可以提高免疫功能。大量流行病学调研结果显示，经常从事低中等强度运动比静坐工作者患上呼吸道感染的风险明显降低。有研究表明，非职业运动员增加体育锻炼可降低上呼吸道感染的风险。另外还有研究表明，适当运动期间，免疫系统会发生数种有益的变化，如抑制免疫功能的应激激素和亲炎性、抗炎性细胞因子在适当运动中并未升高。

（二）大强度运动对固有免疫应答的影响

许多人体实验和动物实验结果已经证实，长期大强度运动对人体免疫机能有强烈的负性影响。主要表现在下列方面：淋巴细胞数量减少，增殖能力明显降低，表明细胞免疫功能受到损伤；主要免疫球蛋白IgA、IgG以及重要补体C3和C4含量降低；运动后血浆儿茶酚胺和可的松浓度明显升高，并由此导致细胞数量减少以及活性降低等免疫机能的负面影响；鼻腔中性粒细胞吞噬作用降低，以及血液粒细胞氧化活性降低；NK细胞的细胞毒性降低，丝裂原诱发的淋巴细胞增殖作用降低；延迟性过敏反应降低；持续时间长、强度较大的运动训练会导致肌肉细胞受损，并继发释放出促炎性和抗炎性细胞因子；在离体发生的对丝裂原和内毒素的反应过程中，所生成的细胞因子减少，表明大负荷运动后，机体免疫系统产生细胞因子的能力下降；鼻腔和唾液的IgA浓度下降，鼻腔黏液清除作用降低，这表明上呼吸道清除外部病原体的能力受损；MHC-II的表达以及巨噬细胞的抗原提呈作用降低，表明大负荷运动后降低巨噬细胞对于MHC-II的表达，从而负性影响着向T淋巴细胞的抗原提呈过程。

第三节 运动与适应性免疫应答

适应性免疫应答，又称特异性免疫应答，是指体内抗原特异性淋巴细胞接受抗原刺激后，自身活化、增殖、分化为效应细胞，产生一系列生物学效应的全过程。

一、适应性免疫应答的类型

根据参与免疫应答的细胞种类及其效应机制的不同，可将适应性免疫应答分为T细胞介导的细胞免疫应答和B细胞介导的体液免疫应答两种类型。细胞免疫应答主要由T细胞介导，须抗原提呈细胞参与。体液免疫应答主要由B细胞介导，可因抗原类型不同，而有不同的免疫应答特征。TI抗原可直接刺激B细胞产生体液免疫应答，无需Th细胞和抗原提呈细胞参与；TD抗原引起的体液免疫应答则需要树突状细胞、Th细胞和B细胞参与。

二、适应型免疫应答发生的场所

淋巴结、脾脏等外周免疫器官是抗原特异性T、B细胞寄居和接受抗原刺激发生免疫应答的主要场所。抗原经皮肤黏膜、血液或淋巴循环进入外周免疫器官后，可被树突状细胞等抗原提呈细胞捕获、迁移至T细胞区，经精工处理后以抗原肽-MHC分子复合物形式提呈，与循环中相应T细胞相遇，引发细胞免疫应答。抗原直接经血液或淋巴液进入B细胞定居区，或FDC通过表面PRR、Fc γ R、C3bR等受体分子捕获结合抗原、抗原-IgG复合物和抗原-C3b复合物后直留于B细胞定居区，以抗原直接作用方式使相应B细胞活化，诱导产生体液免疫应答。

三、适应性免疫应答的过程

（一）识别阶段

识别阶段指抗原提呈细胞加工、处理抗原后将抗原提呈给T淋巴细胞或B淋巴细胞和抗原直接结合的阶段，即抗原的加工、处理和呈递。T细胞识别的抗原包括各种细胞内感染微生物，如病毒、某些细菌和寄生虫，以及同种异体移植物等。

（二）活化、增殖和分化阶段

是指抗原特异性T/B淋巴细胞接受相应抗原刺激后，活化、增殖、分化为免疫效应细胞。

（三）效应阶段

是浆细胞分泌抗体和效应T细胞释放细胞因子和毒性介质，并在固有免疫细胞和分子参与下产生免疫效应的阶段。

抗体与抗原的特异性结合可直接中和病毒和细菌外毒素。分泌型抗体与病原体的结合阻止它们在黏膜表面定居繁殖。抗体的其他生物学效应则是通过Fc段与非特异性免疫成分补体、吞噬细胞和NK细胞等的相互作用实现的。抗原抗体复合物激活补体，发挥溶菌溶细胞作用。抗体和补体成分调理抗原，促进吞噬细胞吞噬和消灭抗原。抗体还可以通过ADCC作用（抗体依赖性的细胞介导的细胞毒作用）杀菌或杀伤细胞。妊娠期母体的IgG通过胎盘进入胎儿，为胎儿提供出生后的早期保护。

四、适应性免疫应答的特点

（一）识别性

抗原被抗原提呈细胞加工处理后与T/B淋巴细胞的特异性结合过程。抗原特异性T、B淋巴细胞通常对自身正常组织细胞产生天然免疫耐受，对非己抗原特异性异物产生免疫排斥反应。

（二）特异性

机体接受某种抗原刺激后，只能产生针对该种抗原的特异性免疫应答，相应的免疫应答产物只能对该种抗原和表达此种抗原的靶细胞产生作用，而不能针对其他抗原产生反应。

（三）记忆性

在抗原特异性T/B 淋巴细胞增殖分化阶段，有部分淋巴细胞中途停止分化，成为静息状态的免疫记忆细胞，当机体再次接触相同抗原时，这些免疫记忆细胞可迅速增殖分化为免疫效应细胞，产生相应体液和/或细胞免疫效应。初次接触某种抗原后，免疫系统可长期保留对该抗原的“记忆性”，发生再次免疫应答。

（四）改善和增强性

随着与相同病原微生物的反复相遇，适应性免疫应答则能不断改善与增强。

（五）自我限制

在抗原刺激后，所有正常的的免疫应答水平随时间延长而衰减。

（六）自我耐受

适应性免疫应答可识别和清除外源性抗原，对自身抗原物质无应答。

五、固有免疫应答与适应性免疫应答的关系

生理条件下，固有免疫应答与适应性免疫应答相互依存，密切配合共同完成宿主免疫功能，产生对机体有益的免疫保护作用。固有免疫应答参与适应性免疫应答的全过程，并能影响初始T细胞活化和适应性免疫应答的类型。

（一）固有免疫应答启动适应性免疫应答

固有免疫细胞和抗原提呈细胞在吞噬、杀伤清除病原微生物等抗原特异性异物的同时，也启动了抗原加工和提呈的过程。例如，树突状细胞是体内有效的能诱导初始T细胞活化的抗原提呈细胞，是机体适应性免疫应答的启动者。

（二）调节适应性免疫应答的类型

固有免疫细胞及其分泌的细胞因子可调节淋巴细胞的分化，并影响适应性免疫应答的类型。不同的固有免疫细胞受不同的抗原刺激后，可产生不同的细胞因子，这些不同的细胞因子可决定特异性免疫细胞的分化方向，从而决定了适应性免疫应答的类型。

（三）协助T细胞和抗体发挥免疫效应

效应T细胞和抗体产生后，需要与固有免疫的效应细胞和分子密切配合，才能有效地清除抗原。如B细胞增殖分化为浆细胞后，通过分泌抗体产生免疫效应，但抗体本身不具有杀菌和清除病原体的作用，只有在固有免疫细胞和固有免疫分子的参与下，通过调理吞噬、抗体依赖性细胞毒作用（ADCC）和补体介导的溶菌效应等作用机制，才能有效杀伤、清除病原体等抗原性异物。

六、长期体育锻炼对适应性免疫应答的影响

大量研究表明，长期体育锻炼，特别是有氧运动能促进机体健康，增加机体防病、抗病能力。

（一）能增强免疫细胞和病原体接触的机会

体育锻炼能加快人体的血液循环和淋巴循环，进而加强了免疫细胞与抗原接触的机会。

（二）提高淋巴细胞的活性，增强人体免疫力

研究表明，有氧运动能改善T淋巴细胞和B淋巴细胞的功能，增加巨噬细胞和自然杀伤细胞的数目和能力，规律性地参加体育锻炼者的淋巴细胞反应性明显高于锻炼无规律者，单核细胞对酵母多糖的吞噬功能也大大高于锻炼无规律者，而免疫球蛋白和补体两者无明显差异。此外，长期进行体育锻炼使机体对应激的敏感性下降，应激激素分泌量减少，淋巴细胞长期暴露在一种受抑制激素压抑的环境中，对抑制激素不敏感，免疫功能的抑制减少，产生了适应。

第四节　运动与细胞免疫应答

由T细胞介导的适应性免疫应答称细胞免疫应答。

一、T细胞亚群及功能

T细胞具有高度的异质性，目前有多种不同的分类方法。

（一）初始T细胞、效应T细胞和记忆T细胞

根据T细胞活化和分化的情况，将其分为初始T细胞、效应T细胞和记忆T细胞。

1. 初始T细胞（静息T细胞）

由胸腺发育成熟迁移至外周淋巴组织或器官，尚未与特异性抗原接触，处于细胞周期静息期的T细胞。

2. 效应性T细胞

初始T细胞识别抗原、发生细胞活化、产生抗原特异性T细胞克隆的数量扩增，功能性分化为效应性T细胞以产生清除病原微生物等抗原的免疫应答效应。

3. 记忆T细胞

初始T细胞在初次免疫应答过程中产生的能在再次免疫应答中发挥免疫应答效应的T细胞。有寿命长（不断更新），易激活（不需要协同刺激信号），负责保持免疫记忆的特点。

（二）CD^{4+}T细胞和CD^{8+}T细胞

根据T细胞表面辅助受体的不同，可将T细胞分为CD^{4+}T细胞和CD^{8+}T细胞。

1. CD^{4+}T细胞

CD^{4+}T细胞是人体免疫系统中的一种重要免疫细胞，正常成人的CD^{4+}T细胞每立方毫米血液中500~1600个，当CD^{4+}T细胞数量小于每立方毫米200个时，可能发生多种机会性感染或肿瘤。另外，艾滋病病毒专门侵害人体CD^{4+}T细胞。CD^{4+}T细胞是不均一的细胞群，按其功能可包括两种T细胞，即辅助性T细胞（TH）和迟发型超敏性T细胞（TDTH）。CD^{4+}T细胞能促进B细胞、T细胞和其他免疫细胞的增殖和分化，协调免疫细胞间的相互作用。

2. CD^{8+}T细胞

CD^{8+}T细胞是不均一的细胞群，按其功能可分为抑制性T细胞（TS）和杀伤性T细胞（TC）。通常识别病毒感染或肿瘤细胞等靶细胞表面的内源性抗原肽-MHC-I类分子复合物后，活化后称细胞毒性T细胞（CTL细胞），可直接杀伤靶细胞。

二、细胞免疫应答的过程

细胞免疫应答由T细胞介导，由TD抗原引起，是从初始T细胞接受抗原刺激到分化成效应T细胞并将抗原清除的过程阶段。应答过程可分为特异性抗原识别、活化增殖和分化、效应3个阶段。

（一）T细胞特异性识别抗原阶段

初始T细胞不能直接设别、结合游离的抗原分子，只能识别、结合表达与抗原提呈细胞表面的抗原肽-MHC分子复合物。外源性或内源性TD抗原经专职或非专职抗原提呈细胞加工处理后，以抗原肽-MHCII/I类分子复合物的形式，表达于抗原提呈细胞或靶细胞表面供CD^{4+}Th和CD^{8+}CTL细胞识别结合，并在二者表面黏附分子间相互作用的基础上，导致CD^{4+}Th细胞和CD^{8+}CTL细胞活化。

（二）T细胞活化、增殖与分化阶段

1. 活　化

T细胞的活化需要两个信号。①T细胞活化的第一信号：MHC-肽与TCR特异性结合后使TCR交联，同时使CD3复合体和CD4分子聚集。这一过程导致第一信号（First Signal）的产生，并通过CD3传入。接受第一信号后的T细胞表达高亲和力IL-2受体。CD^{8+}T识别APC上MHC I类-肽，产生第一活化信号。② T 细胞活化的第二信号：第二信号主要由APC上的协同刺激分子B7与T细胞上的CD28相互作用产生，并通过CD28传入T细胞。 接受第二信号后的T细胞表达IL-2，CD28与B7相互作用提供第二信号。与CD^{4+}T细胞不同的是，CD^{8+}T细胞需要接受较强的协同刺激信号才能活化。因此，CD^{8+}T细胞的激活一般需要CD^{4+}T细胞辅助。

2. 增　殖

T细胞接受了双活化信号后，合成和分泌其生长所需的各种细胞因子及其受体，其中最重要的是IL-2与高亲和力IL-2受体。在IL-2的刺激下，T细胞发生克隆性扩增，产生足够数量的特异性T细胞。

3. 分　化

分化是初始细胞转化成为执行不同功能的效应细胞的过程。T细胞可沿不同的途径分化成为功能各异的细胞亚群，如Th（Th1或Th2）细胞和CTL。① Th细胞的分化：CD4+Th0细胞活化后，在局部微环境中的细胞因子作用下分化为Th1、Th2和Th17细胞。多种胞内感染的微生物（如病毒、分枝杆菌、李斯特菌等）导致抗原活化的Th0细胞分化成Th1细胞。在变应原、胞外感染微生物（大多数细菌）和寄生虫感染的应答中，Th0细胞分化Th2细胞需要依赖于IL-4的诱导。各种胞外菌、真菌等微生物感染可诱导Th0细胞分化成Th17细胞。② CTL的分化：CD8+T细胞在Th1细胞的辅助下分化成为CTL，表达与其杀伤作用有关的分子，其中包括颗粒酶（Granzymes）、穿孔素（Perforin）、FasL以及细胞因子IFN-γ、TNF-a和TNF-ß。③记忆T细胞的产生：在T细胞增殖分化过程中，有一部分T细胞停止分化成为具有免疫记忆能力的T细胞，在体内长期存在，可有规律地进行缓慢增殖和自我补充其数量，使其维持在一定水平。记忆细胞在再次遇到相同抗原刺激时，能产生比初次应答更迅速、更强烈的免疫应答。记忆细胞为机体提供长期的抗微生物及其产物的保护效应。

（三）效应T细胞发挥效应阶段

T细胞介导的细胞免疫应答由TD抗原引起，参与细胞免疫应答的细胞主要包括专职和非专职的抗原提呈细胞、CD^{4+}Th细胞和CD^{8+}CTL细胞。效应性Th细胞和和效应性Tc细胞在此过程中发挥主要作用。

1. 效应性Th细胞

Th1细胞通过释放IL-2、IFN-γ和TNF-a等细胞因子，促进NK细胞、粒细胞和巨噬细胞的杀伤性，参与免疫调节作用，介导产生细胞免疫效应、炎症反应或迟发性超敏反应。Th2细胞通过释放IL-4、IL-5、IL-6、IL-9、IL-10、IL-13等细胞因子，促进B细胞增殖分化和产生抗体，诱导巨噬细胞分泌TGF和IL-10等抗炎性细胞因子，促进胶原蛋白合成，参与组织修复和纤维化。激活肥大细胞，嗜碱性粒细胞和嗜酸性粒细胞，参与超敏反应和抗寄生虫感染。Th17细胞通过分泌IL-17、IL-21、IL-22等细胞因子参与炎症反应和抗胞外菌感染。

2. 效应性Tc细胞

效应性Tc细胞即效应性CTL细胞在T细胞免疫应答中发挥重要作用，主要是清除肿瘤细胞和被病毒感染的靶细胞。CTL在MHC-1（主要组织相容性复合体-1）限制的条件下，可直接、连续、特异性的杀伤靶细胞。效应性Tc细胞杀伤靶细胞的机理目前认为是通过释放多种介质和细胞因子介导的，如穿孔素、丝氨酸蛋白酶和肿瘤坏死因子等。这种由效应CTL细胞介导的特异性细胞毒作用，在清除病毒感染、抗肿瘤免疫监视和同种移植物排斥过程中具有重要意义。

三、细胞免疫应答的特点

（一）发生缓慢

相比于体液免疫应答，细胞免疫应答发生比较缓慢，一般需要1~3天。需要经历初始T淋巴细胞特异性识别抗原、活化增殖和分化以及效应T细胞发挥效应的过程。

（二）多局限于抗原所在部位

由T淋巴细胞介导的细胞免疫应答多局限在发生细胞免疫应答的组织局部，一般不通过血液循环向远处扩散。

（三）组织学变化以单个核细胞细胞浸润为主的炎症

细胞免疫应答组织学变化表现为以单个核细胞细胞浸润为主的炎症，浸润细胞以T淋巴细胞为主，Mϕ、NK细胞起协同作用。

四、运动对细胞免疫应答的影响

Th细胞可分化为I型辅助型T细胞和II型辅助型T细胞两种亚型，I型辅助型T细胞产生γ干扰素、白细胞介素2等细胞因子，介导细胞免疫；II型辅助型T细胞产生白细胞介素-4，5，6 等细胞因子，介导体液免疫。在Th细胞分泌的诸多细胞因子中以肿瘤坏死因子γ和白细胞介素4最具特异性，由于目前尚无特异性的标志物区分I型辅助型T细胞和II 型辅助型T细胞的2种亚型，故而认为Th细胞受刺激后，能分泌α干扰素者为I型辅助型T细胞，能分泌白细胞介素4者为II型辅助型T细胞。研究表明，高强度运动打破了机体通过I型辅助型T细胞和II型辅助型 T细胞建立的细胞免疫和体液免疫的平衡机制，抑制了I 型辅助型T细胞相关的细胞免疫反应，而对II型辅助型T 细胞相关的体液免疫影响不大。

第五节 运动与体液免疫应答

体液免疫应答是指从初始B细胞接受抗原刺激到分化成效应B细胞产生抗体将抗原清除的过程。由于抗体存在于体液中，故将B细胞介导的免疫应答称为体液免疫应答。根据抗原激活B细胞是否需要T细胞辅助可将抗原分为两类：一类是胸腺不依赖抗原（TI-Ag），另一类是胸腺依赖抗原（TD-Ag）。TI和TD抗原均可诱发B细胞引发免疫应答，其中TI抗原可直接激活B细胞引起体液免疫应答，而无需Th细胞和抗原提呈细胞参与；TD抗原引起的体液免疫应答需要树突状细胞参与。

一、体液免疫应答的过程

（一）TD抗原诱导的体液免疫应答

TD抗原诱导的体液免疫应答可人为地分为：识别活化、增殖、效应三个阶段。

1. 识别活化阶段

TD抗原诱导产生体液免疫应答需要CD^{4+}Th细胞协助，因此，CD^{4+}Th细胞活化是诱导B细胞活化和产生抗体必不可少的条件。活化的CD^{4+}Th0细胞表达CD40和IL-2、4、12、13、IFN-γ等多种细胞因子受体，同时分泌多种Th1型和Th2型细胞因子，参与免疫调节。B细胞活化需要双信号刺激。B细胞可通过表面BCR-Ig/Ig复合受体交联结合抗原，获得活化第1信号；B细胞表面辅助受体即CD21-CD-19-CD81复合物对B细胞活化第一信号的产生具有促进和增强作用。在活化第一信号产生基础上，B细胞通过表面CD40等共刺激分子与活化CD^{4+}Th细胞表达的CD40等共刺激分子互补结合，可诱导产生B细胞活化第二信号，导致B细胞活化。活化B细胞可表达多种细胞因子的受体，为其增殖分化做好准备，也可分泌细胞因子参与免疫调节。

2. 增殖分化阶段

活化CD^{4+}Th0细胞通过表面IL-4等细胞因子受体，经旁分泌和自分泌作用方式与以IL-4 为主的细胞因子结合后，可增殖分化形成CD^{4+}Th2细胞克隆。CD^{4+}Th2细胞可产生大量以IL-4、5、6、10和13 为主的细胞因子，为活化B细胞增殖分化做准备。活化B细胞通过表面IL-2、4、5、6等细胞因子受体，与活化CD^{4+}Th0细胞和CD^{4+}Th2细胞产生的IL-2、4、5、6等细胞因子结合作用后，可进一步增殖分化为浆细胞，浆细胞是具有合成分泌抗体功能的效应B细胞，在不同细胞因子作用下，可合成分泌不同类型的抗体，发挥体液免疫效应。在B细胞分化阶段，由部分B细胞停止分化，成为长寿记忆B细胞。当记忆B细胞再次与相同抗原接触后，可迅速增殖分化为浆细胞、合成分泌抗体产生免疫效应。

3. 效应阶段

是指浆细胞分泌免疫球蛋白（抗体）发挥免疫保护作用或引起免疫病理损伤的阶段。

（二）TI抗原引起的体液免疫应答

TI抗原引起的体液免疫应答与TD抗原引起的体液免疫应答不同，他们在没有Th细胞和抗原提呈细胞参与下，也可刺激B细胞产生抗体。

根据抗原分子结构特征，可将TI抗原分为TI-1和TI-2两种类型。TI-1抗原主要是细胞壁成分。在高浓度环境下，B细胞多克隆激活剂与丝裂原受体结合，非特异性地激活大多数B细胞（与BCR特异性识别无关）。而在低浓度环境下，没有多克隆激活作用，与BCR结合激活结合TI-1抗原的B细胞克隆。B细胞针对低浓度TI-1抗原产生应答，使机体在胸腺依赖性免疫应答发生前（即感染初期）即可产生特异性抗体，而无需辅助性T细胞致敏与扩增。TI-2抗原如细菌荚膜多糖、聚合鞭毛素，具有许多重复性抗原决定簇，这类抗原不易被蛋白酶降解。TI-2抗原只能激活成熟B细胞，婴幼儿体内的B细胞多为不成熟B细胞，故不能产生抗多糖抗原的抗体。

二、体液免疫应答的特点

（一）初次免疫应答的特点

B细胞初次免疫应答产生的抗体量少、亲和力低。初次应答主要产生IgM类抗体，后期可产生IgG，故产生的抗体总量及其与抗原结合的亲和力均较低，抗体的维持时间短。

（二）再次免疫应答的特点

由记忆B细胞介导的再次免疫应答表现为快速反应、抗体水平高、亲和力高以及持续时间长。记忆B细胞在初次免疫应答时已经历增殖、突变、选择及抗体类别转换以及亲和力成熟等过程，表达高亲和力BCR，故很低浓度的抗原即可有效启动再次免疫应答。再次应答过程中，记忆B细胞作为APC摄取、处理抗原，并将抗原提呈给记忆性Th细胞。激活的Th细胞所表达的多种膜分子和分泌的细胞因子又作用于记忆B细胞，使之迅速增殖并分化为浆细胞，合成并分泌抗体。

三、抗体产生的一般规律

机体接受抗原刺激后，抗体产生的过程可分为四个阶段：①潜伏期：是指抗原进入体内到相应抗体产生之前的阶段。历时较长，时间长短受机体状况、抗原的性质及进入机体的途径等因素影响。②对数期：是指抗体呈指数生长的阶段。③平台期：抗体水平相对稳定，既不明显增加，也不明显减少的阶段。到达平台期所需时间及平台期的抗体水平和持续时间，因抗原不同而有所变化。④下降期：是指抗体合成速度小于降解速度，血清中抗体水平逐渐下降的阶段。由于抗体被降解或与抗原结合而被清除，体内抗体水平逐渐下降。

（一）初次应答抗体产生的规律

初次应答，即抗原初次进入机体所产生的应答。在初次应答的过程中，抗体产生的潜伏期（诱导期）相对较长（约7~10d），产生抗体的种类以IgM为主，抗体亲和力较低，维持时间较短，总抗体水平较低。

（二）再次应答抗体产生的规律

再次应答即抗原再次进入机体所产生的应答。在再次应答的过程中，抗体产生的潜伏期相对初次应答较短（约2~3d），抗体的种类以IgG为主，抗体亲和力比初次应答明显增强，维持时间也明显长，总抗体水平较高。

再次应答和初次应答产生抗体的规律的不同，能证明适应性免疫应答具有记忆性。免疫应答的记忆性是疫苗接种的理论基础，非活疫苗预防接种，常需二次以上。

四、体液免疫应答的效应

体液免疫应答的主要效应分子是特异性抗体，抗体主要通过下列机制发挥作用。

（一）中和作用

抗体具有中和细菌外毒素（昆虫和蛇毒素）与中和病毒的作用，防止毒素和病毒在体内扩散。高亲和力的IgA和Ig G可与毒素结合亚单位结合，使毒素不能与相应受体结合从而阻止病毒进入宿主内。具有此作用的抗体习惯称为抗毒素。

病毒通过与细胞表面受体结合而侵入宿主细胞。抗体可与病毒表面蛋白结合，通过阻止其吸附宿主细胞而发挥作用。具有此作用的抗体称为中和抗体，如IgG、IgM或IgA。它们主要作用于游离细胞外的病毒，在防止病毒在体内扩散及病毒的再感染中发挥重要作用。

（二）免疫调理作用

抗体具有免疫调理作用。IgG、IgA类抗体可通过其Fab段与细菌等病原体结合，其Fc段则可与吞噬细胞表面相应的FcR 结合，从而促进吞噬细胞吞噬病原体。

（三）抗原抗体复合物通过经典途径激活补体

抗原抗体复合物通过经典途径激活补体，从而发挥补体介导的杀菌、溶菌作用，主要在抗细菌及寄生虫感染中起作用。

（四）通过抗体依赖的细胞毒作用杀伤靶细胞

通过抗体依赖细胞介导的细胞毒作用杀伤靶细胞。IgG类抗体的Fab段与靶细胞表面抗原结合后，其Fc段可与NK细胞、巨噬细胞、中性粒细胞和嗜酸性粒细胞表面的FcRIII结合，介导效应细胞杀伤携带特异性抗原的靶细胞。杀伤的靶细胞主要是病毒感染的细胞，也可是胞内菌感染的细胞及某些寄生虫的幼虫。

（五）抗体可阻止病原体黏附细胞

细菌等病原体可通过其表面的黏附素与宿主黏膜上皮细胞黏附，是病原体致病的主要环节。抗黏附素的分泌性IgA抗体可抑制病原体的黏附作用，从而阻止病原体感染机体。例如，抗疟原虫裂殖子的抗体与疟原虫裂殖子结合，可阻断其黏附红细胞，使其失去入侵红细胞的能力。

（六）抗体也可导致免疫损伤

抗体参与超敏反应与自身疾病的发生。由抗体引起的免疫损伤可见于I、II、III型超敏反应和自身免疫疾病。I型超敏反应由IgE介导，II、III型超敏反应主要由IgG、IgM介导。某些自身免疫疾病损伤与II、III型超敏反应有关。

（七）抗体参与移植排斥反应

受者体内存在针对移植物抗原的预存抗体IgG，可导致超急性排斥反应。另外，体液免疫应答在急、慢性排斥反应中也有一定的作用。

（八）抗体可促进肿瘤生长

肿瘤患者产生的某些IgG亚类可作为封闭因子，阻碍特异性CTL识别和杀伤肿瘤细胞，从而促进肿瘤生长。

五、运动对体液免疫应答的影响

已有研究表明，适度运动可以提高机体内抗体水平，改善免疫功能。呼吸道粘膜分泌的免疫球蛋白A含量的高低可直接影响呼吸道黏膜对病原体的抵抗力，两者呈正相关。

复习题

1. 免疫应答的概念。
2. 简述免疫应答的基本过程。
3. 简述固有免疫应答与适应性免疫应答的区别与联系。
4. 参与免疫应答的细胞因子主要有哪些？其主要功能是什么？
5. 运动对免疫应答的影响都有哪些？为什么会产生这些影响？

思考与应用

体育运动对人体免疫应答的影响机制。

参考文献

[1] 何维. 医学免疫学[M]. 北京：人民卫生出版社，2012.
[2]丁桂凤. 免疫学基础[M]. 北京：高等教育出版社，2005.
[3] 吴玉章. 免疫应答导论[M]. 北京：科学出版社，2012.

[4] 王瑞元. 运动生理学[M]. 北京：人民体育出版社，2002.

[5] 王杨, 张林. 医用运动生理学[M]. 北京：中国医药科技出版社，2010.

[6] Couto M，Silva D，Delgado L，et al. Exercise and airway injury in athletes[J]. Acta Med Port，2013，26(1):56-60

第九章 运动与免疫调节

教学目标

掌握运动负荷与免疫功能之间影响的关系和运动性免疫抑制的模式以及运动性免疫抑制的可能机制；了解采用营养、中医药和自我保护等措施调理运动性免疫抑制。

相关概念

免疫调节（Immunoregulation）：是指免疫应答过程中，免疫系统内免疫细胞间、免疫细胞与免疫分子间以及免疫系统与其他系统间的相互作用，构成一个互相协调、互相制约的网络结构，从而维持机体内环境的稳定。

运动性免疫抑制（Exercise-induced Immunosuppression）：是指大负荷运动后，由于过度负荷导致机体免疫功能下降的现象，表现为免疫细胞数量减少，淋巴细胞转化能力降低、分泌型IgA明显减少，细胞因子的生成受到影响，对内毒素引起的免疫反应降低等。

免疫抑制蛋白质（Immune Suppressive Protein, ISP）：是一种机体在应激情况下产生的大分子蛋白，这种蛋白会抑制免疫功能。免疫抑制蛋白质又称免疫抑制因子（Immune Suppressive Factor, ISF）、应激免疫抑制蛋白（Immune Suppressive Protein of Stress，ISPS）、神经免疫蛋白等。

第一节 免疫应答各阶段的免疫调节

机体免疫系统受到抗原刺激而发挥生物学效应的全过程，称之为免疫应答，免疫应答在机体生命活动中受控于多种机制的调节。广义的免疫调节包括免疫系统以及免疫系统、神经内分泌系统的相互作用自我调节和人为干预的调节作用。免疫调节机制可以在抗原刺激后，重建机体的稳定状态，也可打破免疫稳定，诱生免疫应答。机体的自我调节是机体在免疫应答整个过程中，控制免疫细胞的活化或抑制，免疫细胞与免疫分子之间的协同或拮抗，以及免疫系统与其他系统之间的相互协调的作用，使免疫应答维持在适宜的强度和时限，以保证机体免疫功能的稳定。

T细胞、B细胞介导的特异性细胞免疫和体液免疫应答全过程均可分为三个阶段，①启动阶段：指T细胞或B细胞的抗原识别APC抗原呈递阶段。②诱导阶段：T细胞与B细胞活化、增殖和分化。③效应阶段：T细胞介导的细胞免疫效应和抗体介导的免疫效应（中和作用、调理作用和细胞溶解）。免疫调节贯穿在免疫应答的各个阶段，通过精细调节使免疫应答被限制在一定的强度和时间内，既能有效消除外来抗原，又能避免免疫应答对自身组织、细胞的损伤，从而维持机体内环境的稳定。

第二节 免疫分子的免疫调节

一、抗原的调节

抗原的性质、浓度及加工递呈的方式对免疫应答有着决定性的影响。抗原启动免疫应答的关键是抗原决定簇，这些决定簇有存在分子表面的，有存在分子内部的。MHC分子在递呈这些决定簇前必须要先经细胞内多蛋白酶体或内粒体中的蛋白酶剪切成不同的肽片段。因个体遗传性差异，这些被加工、选择和输送到MHC分子的抗原肽片段也会存在差异。不同等位基因型的抗原运载体对不同抗原的递呈有明显的选择性。有的抗原被递呈而有一些抗原不被递呈。同样的抗原可被同一基因型的抗原肽段携带者递呈而不被另一基因型携带者递呈。这充分说明MHC限制的抗原识别对免疫应答存在重要的影响。抗原被识别而呈现较强应答的抗原表位称显性表位（Dominant），不能引起免疫应答的称隐性表位（Cryptic Epitopes），但隐性表位的抗原大小和结构合适时也可以与MHC分子结合，MHC分子数量有限，这样隐性表位就会成为显性表位抗原的竞争，影响免疫应答水平。正常情况下，MHC结合槽中没有抗原肽结合也不是空的，而是被自身的蛋白衍生物占据，由于体内不存在识别这些抗原肽的T细胞克隆，不会发生免疫应答。可见抗原的浓度及抗原性的强弱会因竞争抗原递呈的机会而影响激活T细胞的效应。

抗原的性质不同，介导的免疫应答类型也会不同，可溶性抗原通常主要诱导体液免疫，颗粒性抗原主要引起细胞免疫。另外，还有一些抗原（Superantigen, SAg），只需极低浓度就能激活大量T细胞克隆，不需要抗原递呈细胞进行加工处理。现已发现还有超抗原。超抗原不需要通过MHC结合槽与TCR结合活化T细胞，而是与MHC-Ⅱ类分子外围结合，并与TCR的β链V区结合，可以激活具有αβ型TCR的T细胞。

抗原的剂量对免疫应答也有很好的调节作用，过低或过高剂量都能引起免疫耐受。抗原进入体内的方式对免疫应答强度、类型均有影响。抗原还具有竞争现象，先进入机体的抗原可抑制随后相隔1~2 周进入的抗原。

二、特异性抗体的调节

抗体与抗原形成的免疫复合物对免疫具有正负反馈调节作用。一方面，可以增强该抗原的免疫应答；另一方面，由特异性抗原刺激产生的相应抗体，可对体液免疫应答产生抑制作用，称为抗体的反馈性抑制或抗体的负反馈调节。

免疫应答产生的抗体与抗原结合后促进吞噬细胞对抗原的吞噬，加速对抗原的清除，从而减少抗原对免疫活性细胞或记忆细胞的刺激，由此可抑制抗体的进一步产生。

三、补体活化片段的调节

树突状细胞通过表面补体受体，可将抗原-抗体复合物长期滞留于淋巴结皮质区内，诱导B细胞活化和记忆B细胞的形成。补体激活过程中产生的片段是重要的调理素，他们可以结合中性粒细胞或巨噬细胞表面相应受体，促进吞噬细胞对黏附有补体活性片段的微生物的吞噬。C3b促进抗原提呈细胞提呈抗原，C3裂解成份促进B细胞的活化。

四、协同刺激分子受体的调节

在T细胞表面的受体中，除TCR外，协同刺激分子在调节T细胞的免疫反应中也起着关键性作用。T细胞需要两组信号来产生特异性免疫反应，一组由MHC-抗原和TCR结合后提供；另一组由APC提供的协同刺激信号帮助T细胞与特异性抗原产生最佳反应。外界刺激物激发APC形成抗原多肽-MHC复合物，经T细胞受体（TCR/CD3）识别后，与共刺激分子共同作用来调整T细胞的免疫应答，包括T细胞的有效活化、增殖进而分泌细胞因子或产生细胞毒性T淋巴细胞（CTL）的溶细胞作用。

第三节 免疫细胞的免疫调节

免疫细胞在一定的条件下分别表现出对免疫应答的增强或抑制效应，在两种相反力量的调控下，使免疫应答表现出恰当的免疫效应。

一、T细胞的免疫调节

T细胞是免疫细胞中最重要的调节成分，履行对免疫应答上调或下调的功能。T细胞各个亚群之间、T细胞与其他免疫细胞的相互作用通常受到MHC的限制。抗原递呈细胞把抗原递呈给T细胞时，必须与MHC相匹配。通常情况下，要先激活辅助性T细胞（Th），活化、释放淋巴因子，从而进一步激活B细胞产生抗体。APC递呈的抗原还能诱导CTL并缓慢激活抑制性T细胞（Ts）。活化了的Ts细胞又能对Th细胞或B细胞发挥抑制作用。

（一）辅助T细胞（Th）

$ThCD^{4+}$细胞的活性需要专一的APC细胞上MHC-Ⅱ分子递呈的抗原信号。如果用半抗原与载体耦联免疫动物，Th细胞识别抗原的载体部分，而B细胞识别半抗原部分。对Td细胞来说，必须要有能辅助B细胞的Th细胞来诱导B细胞增殖分化形成抗体。Th细胞对B细胞产生抗体的调节作用因为Th1和Th2不同的亚类而不同。Th1不产生白细胞介素IL-4和IL-5，Th2则可以产生这两种白细胞介素，因此，在小鼠中，Th2能促进B细胞产生IgG和IgE。Th1和Th2不仅调节B细胞产生抗体的同种型，而且还能影响Ig的某些独特型优势应答。Th细胞还能辅助CTL细胞的应答，主要是通过Th细胞活化后产生IL-2促进CTL前体细胞的活化和增殖。Th细胞除了表现促进免疫应答的正调节外，现在发现对表面带有CD^{4+}、CD^{8+}双阳性T细胞有免疫抑制作用，并且通常是非特异性的抑制作用。

（二）抑制性T细胞（Ts）的调节作用

Ts对Th细胞、杀伤性T细胞（Tc）和B细胞均有抑制作用。抗原先激活Ts1亚群，Ts2进一步激活Ts3，Ts3是抑制调节效应的细胞。这3个Ts细胞亚群都可释放抑制因子TsF。Ts的活化是有抗原特异性并受到MHC的限制，有的是抗Id诱导的活化。Ts3需要抗原启动，产生的效应因子是非特异性的，这种效应因子是最后抑制效应的介体。另有报道，Ts亚群的Th1辅助Ts2细胞的活化，从而形成Ts的调节环路。

Ts细胞对Th和B细胞有两种抑制方式：一种是抗原专一的连接方式，另一种是Ts-Id专一的T细胞与T、B的Id结合发挥抑制作用。Ts细胞是非常重要的T抑制细胞，能控制免疫耐受性。Ts细胞本身又受到反抑制T细胞（Tcs）调节。

二、B细胞的调节

B细胞可通过分泌抗体反馈调节抗体的分泌，还可以通过独特型来抑制或者增强免疫，可通过膜表面抗体受体捕捉和富集抗原，以及通过MHC将抗原递呈给T细胞，以活化免疫应答。当抗原浓度低时，B细胞则由高亲合力的BCR直接识别处理抗原，供Th细胞识别，可补偿其他APC对低浓度抗原递呈无能的不足。

三、NK细胞的调节

NK细胞在接受抗原刺激后可产生干扰素、IL-1和IL2，参与T细胞、B细胞以及NK细胞自身的活化、增殖、分化和调节。NK细胞的负调节作用有对胸腺中未成熟T细胞的选择性杀伤和抑制，影响T细胞的发育，抑制B细胞的增殖分化和抗体的产生，抑制骨髓造血干细胞等。这些对生理的抑制功能、对自身的平衡稳定有着重要的意义，如果NK细胞活性出现低下时，机体容易患自身免疫性疾病和肿瘤。

研究还发现，NK细胞上有两类与免疫应答的调节有关的受体，一类是NK细胞受体，在小鼠上称为LY49，在人体上称杀伤抑制受体NIR。第二类是类凝集素受体，称为NKR-P1。当遇到表达MHC-Ⅰ抗原的细胞时，通过抑制受体传达负性调节信号，抑制对这些细胞的杀伤。当遇到表达MHC-Ⅰ类细胞时，则NKR-P1受体与细胞上糖类物质结合传递调节信号，从而杀伤细胞。

NK细胞对T细胞、B细胞、骨髓干细胞等都有调节作用，NK细胞通过释放淋巴因子调节免疫应答，还参与同种异体移植排斥反应。

四、巨噬细胞的调节

巨噬细胞能调节抗原递呈，但巨噬细胞对抗原的影响存在差别。巨噬细胞包含两个亚系，Ia+K/D亚系和Ia-K/D-亚系。Ia+K/D亚系表达MHC-I和Ⅱ，Ia-K/D-亚系不表达MHC抗原，只具有吞噬功能。不能表达MHC的吞噬细胞会使抗原肽完全降解从而极大减弱了抗原肽的免疫还原性。由于多数巨噬细胞都能表达MHC- Ⅰ和MHC-Ⅱ类分子，这两类分子对递呈的抗原和细胞是有选择性限制的。巨噬细胞上MHC抗原表达量的多少能影响对抗原递呈的效率。巨噬细胞也可以根据抗原的性质选择不同的抗原加工和递呈途径。

巨噬细胞还能通过分泌不同的细胞因子对免疫细胞产生正或负调节。巨噬细胞分泌IL-1对Th细胞活化，活化的Th分泌IL-2，IL-2又能促使巨噬细胞活化。巨噬细胞分泌IL-12，促进NK细胞和CTL细胞的成熟，还可以产生PGE_2，抑制免疫细胞增殖，下调免疫应答，同时巨噬细胞还能表达协同刺激分子和非特异性受体，调节免疫应答。

第四节　神经-内分泌-免疫网络调节

免疫系统是机体主要的防御和自稳系统，而机体本身是一个有机整体，免疫系统行使功能时，同时会受到其他系统的影响和调节。已知影响免疫系统功能最大的是神经系统和内分泌系统。

一、神经-内分泌系统对免疫系统的调节

神经-内分泌系统对免疫系统的调节是通过神经纤维、神经递质和激素介导的。中枢免疫器官中的胸腺和骨髓以及外周免疫器官中的脾脏、淋巴结等均受交感和副交感神经支配，交感和副交感神经或抑制或增强免疫细胞的发育、成熟及效应。免疫细胞的表面或细胞内均表达多种神经递质和激素的受体，神经、内分泌系统产生、分泌和释放的神经递质（如多巴胺、肾上腺素、5-羟色胺、胆碱等）和激素（如生长激素、胰岛素、性激素等）均能通过相应的受体，对免疫起到正相或负相调节作用。

二、免疫系统对神经-内分泌系统的影响

抗原在刺激免疫系统产生免疫应答的同时，也能产生多种如IL-1、IL-2、IL-6、TNF-a、IFN-r等具有生物活性的分子，这些分子作用于神经、内分泌系统，起到了影响和调节神经-内分泌系统功能的作用。例如，IL-2可以抑制乙酰胆碱的释放；TNF-a可以促进星形胶质细胞表达脑啡肽。

三、运动、神经-内分泌对免疫的调节

免疫系统是机体主要的防御和自稳系统，但机体是一个有机整体，机体内存在“神经-内分泌-免疫”网络， 这个网络系统调控着机体内环境的稳态。在机体受到刺激时，神经、内分泌与免疫系统之间相互联系、相互作用，使机体对刺激能作出有效的反应。在运动这种特殊刺激的作用下，三大系统之间的作用会发生大的变化，刺激过度时还会发生功能紊乱，出现免疫功能抑制的现象。

（一）运动与儿茶酚胺

儿茶酚胺（Catecholamine, CA）是一种含儿茶酚和胺基的神经类物质，通常包括肾上腺素（Ad）、去甲肾上腺素（NAd）和多巴胺（DA）。儿茶酚胺是一

种重要的神经递质，在心血管活动和神经分泌调节中起着重要作用，儿茶酚胺分泌的增加可使运动员心肺功能迅速适应比赛，并调节其他激素的分泌和代谢。儿茶酚胺的分泌也可以反映交感神经系统的兴奋，能体现出运动应激对运动员心理刺激的强度，可做为运动员运动焦虑的特征性指标。

运动作为一种应激，可增加儿茶酚胺的分泌，运动时肾上腺素主要来自肾上腺髓质，去甲肾上腺素主要由交感神经末梢释放。影响儿茶酚胺分泌的与运动有关的因素有：体位、运动方式、持续时间、运动强度和心理应激。

人体处在静息状态时，直立体位的儿茶酚胺浓度高于坐位或卧位；血浆肾上腺素和去甲肾上腺素浓度与其他体位相比平均增加40%。跑步、游泳或自行车等动力性运动会使血浆儿茶酚胺浓度明显上升，但心率增加不超过30b/min的短时间运动不能使血浆儿茶酚胺出现显著增加，只有心率显著上升时，血浆儿茶酚胺浓度才会显著上升，这表明血浆儿茶酚胺浓度与心率和最大摄氧量有较强的相关性。静力性运动时，会伴随对肌肉内血管的持续压缩，导致肌肉内血流量减少，从而诱导额外的缺氧压力，在肌肉静力性收缩时，血浆儿茶酚胺浓度会出现显著增高的情况，且儿茶酚胺浓度的上升可以一直持续到力竭。

相同负荷的大强度运力性运动的持续时间在交感肾上腺系统中发挥着相当大的作用。当最大摄氧量保持恒定不变时，无论运动强度大小，血浆去甲肾上腺素的浓度都会不断增加，直到力竭。小强度运动时，肾上腺素和去甲肾上腺素浓度也会增加，只是去甲肾上腺素的浓度增速高于肾上腺素。

运动形式相同时，血浆儿茶酚胺的浓度与运动呈很强的相关性，当运动时间一定时，血浆儿茶酚胺浓度随运动强度的增加呈指数增长，达到75%VO_2max时，增加程度更加显著。例如，Kjaer等研究报告，运动强度在35%VO_2max时，60min的运动时间可使血浆去甲肾上腺浓度升高，20min运动强度为40%~50%VO_2max的运动就可使血浆肾上腺素的浓度增加，这表明即使在运动强度很低时，只要运动持续时间达到或超过一定程度，就能造成血浆儿茶酚胺的浓度增加。另有研究表明，当运动强度超过最大有氧活动能力时，儿茶酚胺的浓度能显著增高。

当机体产生运动焦虑尤其是赛前焦虑时，肾上腺髓质和下丘脑-垂体-肾上腺皮质系统兴奋性增加，从而引起一系列全身变化，酪氨酸羟化酶、多巴胺β-羟化酶及苯乙醇胺甲基转移酶基因表达增多，活性增强，从而能合成更多的儿茶酚胺。Zoladz 等（2005年）的研究发现，中等强度运动时，高焦虑状态个体去甲肾上腺浓度明显高于低焦虑状态个体。运动员在参加比赛时，不但体力活动增加，情绪也处于较紧张、兴奋状态，体力活动和紧张情绪均可使去甲肾上腺素和肾上腺素的排出量增加。根据Dimsdale的研究，体力活动应激时，肾上腺素浓度能增加50%，而去甲肾上腺素浓度增加近300%；而心理应激时，去甲肾上腺素浓度可增加60%，肾上腺素浓度增加近200%，可见体力负荷主要增高去甲肾上腺素；精神负荷时主要增高肾上腺素，儿茶酚胺类物质可以作为反映运动焦虑状态的特征指标。

受运动影响，神经内分泌和免疫系统会相互作用，适量运动能使大脑分泌更多β-EP，过量运动使儿茶酚胺和肾上腺皮质激素分泌增加，造成T细胞受体“饱和”，功能锐减，同时还反馈性地使血液中的T淋巴细胞减少，还会抑制B淋巴细胞和巨噬细胞活性，造成免疫功能降低（韩振奎，2007）。

总之，运动对儿茶酚胺浓度改变的主要因素是运动持续时间和运动强度，其中运动强度起着更为关键的作用，而短时间、大强度运动后，儿茶酚胺浓度值上升不是由于时间积累造成的。使用何种手段能对儿茶酚胺类物质进行调控从而提高运动成绩是研究的一个热点和重点。

（二）运动与皮质醇

皮质醇（Cortisl）是在应激反应时，由肾上腺皮质分泌的一种对糖类代谢具有最强作用的激素，即属于糖皮质激素的一种。皮质醇在维护骨骼、肌肉、皮肤等结缔组织、操纵情绪和健康、免疫细胞和炎症、血管和血压间联系等方面都有特别重要的功效。在压力状态下，皮质醇会维持血压稳定和控制过度发炎从而使机体生理机能正常，如果没有皮质醇，机体将无法对压力作出有效反应。如果没有皮质醇，遇到危险情况时，我们就只能惊恐万分动弹不得。有了皮质醇代谢，我们的身体就能够启动起来进行搏斗或逃跑，因为皮质醇分泌能释放葡萄糖（来自肝脏）、氨基酸（来自肌肉）和脂肪酸（来自脂肪组织），这些都能被输送到血液中充当能量使用。体内外实验证实，皮质醇激素是一种免疫抑制剂，体内注射皮质醇则会引起一系列免疫抑制。

血液中皮质醇浓度升高可抑制淋巴细胞的增生和单核细胞的功能、可降低IL-2的释放、抑制淋巴细胞的循环和移动。长时间大强度运动会导致血液中皮质醇浓度的升高，高浓度的皮质醇抑制免疫机能的机理可能是：皮质醇能抑制抗原呈递细胞表达类分子、巨噬细胞表达TNF-β和IL-10、T细胞表达IL-2和IL-2R。运动过程中，尽管个别免疫增强性物质如生长素等的分泌量增多，但免疫增强效应小，整体效应仍然表现为免疫抑制。

运动过程中，血清皮质醇浓度受运动强度和运动持续时间影响，在运动强度大于60%VO_{2max}的长时间有氧运动和大负荷抗阻运动中，血清皮质醇浓度均会升高。皮质醇的半衰期较长，其峰值常在自感疲劳消除以后还未出现。

中长跑运动员经过4周大强度训练，外周血CD^{8+}细胞百分比升高，CD^{4+}/CD^{8+}比值下降，血浆促肾上腺皮质激素（ACTH）和肾上腺皮质激素（GC）浓度分别较4周前提高75%和96%。ACTH和GC的浓度改变与CD^{8+}细胞的变化有关联。 造成的免疫抑制部分可能是由于垂体-肾上腺皮质的过度激活造成的（陈佩杰等，1995）。递增负荷至疲劳的运动后即刻，NK细胞活性、IL-2活性和β-内啡肽的血浆水平均显著下降，而血浆皮质醇水平却明显上升，与NK细胞活性呈显著负相关，24h后各指标基本恢复至运动前水平（张缨等，1996）。中等强度的运动之前、运动后即刻、运动后3h、运动后24h，血浆皮质醇水平变化与IL-2活性的变化相反，在一定程度上，皮质醇对IL-2的分泌起抑制作用，皮质醇浓度降低时抑制作用减弱，IL-2活性则增强（黄朝晖，1994）。

（三）运动与内啡肽

内啡肽（Endorphin）亦称安多芬或脑内啡，是由脑下垂体和脊椎动物的丘脑下部分泌的氨基化合物，是与吗啡活性相似的高等生物内源性阿片样肽。它能与吗啡受体结合，跟吗啡、鸦片一样具有止痛和获得欣快感的功能，等同天然的镇痛剂，是机体抗痛系统的组成部分。在内啡肽的作用下，人的身心会处于轻松愉悦的状态，免疫系统的实力得以强化，并能使人顺利入梦，消除失眠症。内啡肽还能让人体产生兴奋和愉快感，可以帮助人保持年轻快乐的状态。因此，内啡肽也被称为“快乐感荷尔蒙”或“年轻荷尔蒙”，人的所有生理活动产生的愉快感都是通过它的释放而获取的。

实验表明，有氧运动能刺激内啡肽及其他内源性阿片类物质的分泌，运动者在运动时，内源性肽的降解速度也会低于普通人（田野，2003），在这些物质的激发下，人的身心处于轻松愉悦的状态中，帮助人排遣压力和不快。但是并非所有的运动都可以达到这种效果。内啡肽的分泌需要一定的运动强度和时间，中等偏上强度的运动，比如跑步、健身操、羽毛球、登山等，运动30min以上才能刺激内啡肽的分泌，长期坚持体育运动的人常在运动后感到心情舒畅，就是由于运动促进内啡肽分泌的缘故，而当人快乐时，大脑合成和释放内啡肽也会增加，使人体状态进入良性循环，人的幸福程度增强。如果有一天不去运动，内啡肽分泌减少，人会变得无精打采。

内啡肽有α、β、γ、δ四种类型，最常见于脑下垂体分泌的α-内啡肽、β-内啡肽和γ-内啡肽，分别含16、17、31个氨基酸残基，其结构相似，仅C端不同。在离体突触阿片结合测定中，α-内啡肽和γ-内啡肽具有同吗啡一样的活性，而β-内啡肽的活性则 5～10倍于吗啡。β-内啡肽（β-endorphin，β-EP）是20世纪70年代被发现的。β-EP涉及了机体的很多功能，如呼吸、消化、心血管、内分泌、镇痛等，另外β-EP在免疫调节中也起着很重要的作用，并引起了人们极大的兴趣。

第五节　运动与免疫抑制

随着激烈的体坛竞争、大众体育广泛开展以及对体育教学的研究深入，大量的训练实践都证明：长时间大强度的运动训练极易导致运动者的免疫力下降，产生运动性免疫抑制，反而影响正常的训练和比赛。因此，了解运动与免疫抑制的机理，逐渐全面认识运动与免疫抑制的关系，才能为运动训练提供有力的理论指导，增强训练效果，提高体育比赛成绩，同时也能为体育教学和大众健身在理论上进行正确的指导。

近些年来，众多国内外研究表明，运动强度不同对机体免疫机能产生的影响也会不同。不运动者呈一种自然的免疫状态；适量的中等强度运动既能提高身体机能，又能有效的增加免疫能力，降低感染性疾病如感冒等的风险，增强体质；剧烈、大负荷或长时间的运动均对免疫机能有抑制作用，使机体患呼吸道感染的机率会明显增高，从而导致发生运动性免疫抑制。运动性免疫抑制（Exercise-induced Immunosuppression）是指大负荷运动后，由于过度负荷导致机体免疫机能下降的现象。

一、免疫抑制蛋白的产生和作用

免疫抑制蛋白质（Immune Suppressive Protein, ISP）是一种机体在应激情况下产生的大分子蛋白，这种蛋白会抑制免疫功能。免疫抑制蛋白质又称免疫抑制因子（Immune Suppressive Factor, ISF）、应激免疫抑制蛋白（Immune Suppressive Protein of Stress, ISPS）、神经免疫蛋白等。在应激条件下，机体会产生相应的应答反应，一些平时不活跃的调节机制会被启动，ISP就是在应激情况下活跃表达的一种免疫调节物质。大量实验证明，运动对免疫的调节过程中，ISP发挥着重要作用，说明在运动对免疫的调节过程中存在着与神经内分泌调节机制不同的另一种途径，即免疫抑制蛋白途径。运动应激能使机体血清产生ISP，ISP与机体抵抗力有着密切关系，这是机体对运动应激不适应的反应，可以抑制T淋巴细胞、B淋巴细胞转化，抑制T细胞产生IL-2，抑制迟发过敏反应。

（一）免疫抑制蛋白的产生

1．ISP的产生受控于中枢神经系统

中枢神经系统与外周淋巴器官的联系主要是通过两条途径：由下丘脑-垂体系统产生的激素到达靶器官；植物性神经系统通过交感和副交感神经对靶器官进行支配（Felten SY etal.,1998）。ISP的产生不直接来源于中枢神经系统。黄庆军（2003年）的研究发现，大鼠外周淋巴组织中有很多ISP阳性细胞，这些外周淋巴组织包括淋巴结、胸腺、脾脏及小肠切片等，而脑和骨骼肌的切片中都没有ISP阳性细胞的显示。

2．ISP是以交感神经为介导，通过释放去甲肾上腺素起作用

李菊香等对大鼠或小鼠腹腔注射6-羟多巴胺(6-OHDA)，化学性切除大鼠或小鼠的交感神经末梢，应激后淋巴细胞产生的ISP明显减少了，说明中枢神经系统介导了ISP的产生，交感神经在应激免疫抑制蛋白的产生中起着重要作用(李菊香等，1999)。

3．ISP由外周T淋巴细胞产生

T淋巴细胞是最重要的免疫活性细胞，在机体免疫细胞中占的数量最多，是反映免疫功能的很重要的指标，T淋巴细胞有两个重要亚群：CD^{4+}T淋巴细胞

和CD^{8+}T淋巴细胞。虽然两类亚群均有产生ISP的功能（吴树亚等，2000），但CD^{4+}属辅助性T淋巴细胞，主要起增强免疫应答的作用，CD^{8+}属抑制性T淋巴细胞，主要起抑制免疫功能的作用，常用CD^{4+}/ CD^{8+}的比值来反映机体的一种免疫平衡状态，比值上升提示免疫应答正调节占优势，比值下降或小于1时提示免疫功能低下。短时间的运动对T淋巴细胞的功能没有显著的影响，大负荷长时间的运动则会影响到T淋巴细胞的功能。许多研究发现，大强度训练后运动员的免疫功能下降主要是因为CD^{4+}/CD^{8+}的比值显著下降，CD^{8+}%显著升高。

4．其他影响因素

切除大鼠双侧睾丸可以促进应激大鼠血清中ISP的产生，只有内源性睾酮才可以对抗ISP的产生，短期注射外源性睾酮是不能影响ISP生成的（李菊香等，2000）。

（二）免疫抑制蛋白的作用

1．ISP能抑制T、B淋巴细胞的分化

ISP可明显抑制Con A 和LPS诱导的淋巴细胞转化，说明ISP可能有抑制T、B淋巴细胞转化的作用（范少光等，1989；Zha等, 1992）。

2．ISP能抑制T细胞释放IL—2

在体外培养中发现，ISP能抑制T细胞释放IL-2，但对巨噬细胞释放IL-1没有作用（刘薇等，1997）。

3．ISP能降低正常和应激大鼠动脉血压

给大鼠足背静脉注射200μg、400μg或800μg纯化的ISP后，大鼠血压下降与ISP剂量有明显的量效关系，而ISP对心率的作用不显著（汪静雪等，1998）。

4．ISP与某些自身免疫病可能有关

用四氧嘧啶（Alloxan）诱导产生糖尿病的大鼠，ISP似乎具有对抗四氧嘧啶的作用（高珊等，1996）。佐剂性关节炎的大鼠血清中ISP含量显著增高，且ISP含量随关节炎症状呈正相关。银屑病（牛皮癣）病人血清中ISP含量升高，并且免疫组化发现，其皮损区有很多ISP阳性细胞（杨雪琴等，1998）。

二、运动与免疫抑制蛋白

（一）剧烈运动与免疫抑制蛋白

矫玮于1998年首先发现，剧烈运动可以使人体血清中产生ISP，血清中这种ISP的产生可作为反映机体抵抗力变化的一个窗口，可能是检测运动员免疫力降低的理想指标。例如，8名优秀男子公路自行车运动员进行18天大负荷的冬训，取大运动量训练期前、后、训练期结束10天的运动员血清，在稀释度分别为1：16、1：32时，检测对正常小鼠淋巴细胞转化影响。结果显示，大运动量训练能使运动员血清中产生免疫抑制物。经10天的调整训练，血清中的免疫抑制因子消失，对正常小鼠淋巴细胞转化的影响已与大运动量训练期前基本相同。

（二）大负荷运动与免疫抑制蛋白

史亚丽（2009年）对20只小鼠进行6周，每周6次，每次45min负重5%的游泳训练，建立运动性免疫抑制模型。结果显示，长期大负荷训练导致小鼠免疫功能明显下降、脾脏明显萎缩，体重和胸腺的指数都有不同程度的下降趋势。

三、运动机体的精神状态与免疫抑制蛋白

研究发现，机体的情绪状态与免疫力密切相关，积极的情绪调节能促进免疫机能，消极的情绪干扰则导致免疫抑制。主观抑郁的程度越深，血清对正常淋巴细胞转化抑制作用就越强，则血清中免疫抑制物质的含量就越多（魏宏文，2005）。

有实验证实了运动机体的精神状态与ISP产生的关系。11名普通健康男性大学生进行了7天的大强度运动后，血清中ISP的含量明显升高，利用情绪量表测定，受试者主观情绪变化与血清抑制作用之间呈正相关（r=0.65，P=0.03），进一步分析ISP的产生与运动的关系，表明受试者主观情绪感觉评分越高，其ISP的抑制作用越强，即ISP的产生量越多，说明运动期间不愉快的情绪可能是大强度运动导致机体产生ISP的原因，而与运动量的大小及肌肉的损伤程度没有关系（邵黎等，1999）。

思考题

1. 免疫调节有哪几种？

2 .简述免疫调节机制。

参考文献

[1] 张缨. 实用运动免疫学[M]. 北京：北京体育大学出版社，2005.

[2] 邵黎，高珊，孙长伟，等. 束缚应激能引起淋巴结及脾脏细胞产生抑制淋巴细胞转化的因子[J]. 科学通报，1995，42(2)：166-168.

[3] 矫玮，等. 剧烈运动与训练诱导机体产生免疫抑制蛋白的初步研究[J]. 体育科学，1998，18(3)：71.

[4] 范少光，等. T淋巴细胞产生的应激免疫抑制蛋白[J]. 北京医科大学学报，1999，31(3)：197-203.

[5] 汪喆. 运动与儿茶酚胺研究进展[J]. 体育科研，2010, 31(3).

第十章　营养素、运动与免疫

教学目标

掌握七类营养素对免疫功能的影响；了解营养素通过运动而对免疫功能的影响。

相关概念

营养素（Nutrient）：营养素是指食物中能给人体提供能量、构成机体成分、参与组织修复和生理调节功能的化学成分。凡是能维持人体健康以及提供人体生长、发育和劳动所需要的各种物质均称为营养素。人体所需营养素可概括为七大类，即蛋白质、脂肪、糖、无机盐（矿物质）、维生素、水、膳食纤维素。

维生素（Vitamin）：维生素又名维他命，是人和动物为维持正常的生理功能而必需从食物中获得的一类微量有机物质，其在人体生长、代谢、发育过程中发挥着重要的作用。

膳食纤维素（Dietary Fiber）：是指在日常饮食中不能被人体胃肠消化酶所分解、不可消化成分的总和。常见的膳食纤维有：植物细胞壁成分、植物纤维素、胶浆、果胶、藻类多糖。

脂肪因子（Adipocyte Factor）：脂肪因子是一类由白色脂肪细胞分泌的细胞因子或激素。脂肪因子的分泌异常是造成肥胖的原因之一。同时，脂肪因子也在一些癌症的发病机理和发展过程中起着重要的作用。

人体获得与利用食物的综合过程即为营养。营养是保证人体正常生长发育的重要因素。合理的营养能促进健康，可作为防治疾病的手段，营养与体育运动都是维持和促进健康的重要因素。

营养素是指在体内能被消化吸收，能为机体提供热量，构成机体组织，调节生理功能，为身体进行正常物质代谢所必须的物质。人体所需的营养素包括七大类，分别是碳水化合物（占1%~2%）、脂肪（占10%~15%）、蛋白质（占15%~18%）、水（占55%~67%）、无机盐（矿物质，占4%~5%）；维生素（占1%）和膳食纤维素。

第一节　糖与运动免疫

糖又称碳水化合物，是人体所必需的一种营养素，人体吸收之后转化为碳水化合物，以供人体能量，是人体三大供能物质之一，是人体肌肉活动的主要能量来源。

一、运动中糖的生物学功能

（一）提供运动所需的能量

凡短时间大强度运动时的能量绝大部分由糖供给。长时间小强度运动时，也首先利用糖氧化提供能量，当可利用的糖耗竭时，才动用脂肪和蛋白质。运动中肌肉摄取的糖量可为安静时的20倍或更多，糖最容易氧化，而且氧化完全，代谢产物为水和二氧化碳，不会增加体液的酸度。糖氧化时比脂肪酸消耗的氧要少，在等量耗氧的条件下，糖的产能效率比脂肪酸高，这一优点在氧不足的情况下更为重要，有可能成为决定运动员比赛胜负的因素。

（二）是大脑的主要供能物质

大脑中缺乏存储的能源物质，糖可通过血脑屏障，给神经细胞提供能量。当血糖浓度低时，首先影响中枢神经系统，产生疲劳或头晕等现象。

（三）构成身体的组成成分

所有的神经组织和细胞核中，都含有糖。肝脏和肌肉的糖原含量最高，核糖和脱氧核糖是核酸和核蛋白不可缺少的组成成分，细胞间质和结缔组织中含有大量的黏糖类物质。

（四）可减少运动中应激激素的分泌，有利于稳定免疫力

运动中补糖可使皮质醇和生长激素分泌减少，结果使粒细胞、单核细胞吞噬病原体的能力增强，减少运动性免疫抑制因子的产生。

（五）调节脂肪酸代谢

糖可减少脂肪酸的分解，也就是具有抗酮体生成的作用。食物中碳水化合物不足时，机体要用储存的脂肪来提供能量，但机体对脂肪酸的氧化能力有一定的限度，动用脂肪过多，其分解代谢的中间产物（酮体）不能完全氧化，即产生酮体。而酮体是一种酸性物质，如在体内积存太多，即引起酮血症。膳食中的碳水化合物可保证这种情况不会发生，即抗生酮作用。

（六）节约蛋白质

机体糖充足时，糖首先被利用，因此对蛋白质有保护作用。

（七）增加饱腹感

摄入含糖食物，容易增加饱腹感，尤其是吸收缓慢和抗消化吸收的糖，更能延长饥饿到来的时间。

二、糖与免疫功能

（一）机体内糖的糖链结构与免疫功能

根据人体内糖蛋白和糖脂中糖链非还原端的局部结构，使得人类的血型分为了A、B、O、AB四型，决定输血时是否发生排异反应便是它们的抗原决定簇的基本结构：糖链非还原端的二糖-N-乙酰氨基葡萄糖基-L-岩藻糖基。A血型个体具有抗B血型抗原的抗体，反之亦然。AB血型个体同时具有A抗原和B抗原，而O血型

不存在任何血型的抗原，但有抗A血型抗原的抗体和抗B血型抗原的抗体。另一方面，不同个体间由于体内复合糖中，糖链结构的不同还决定了其对不同病原体的敏感性，这就解释了为什么不同血型的人对不同疾病的易感性存在着差别。

（二）糖类物质在获得性免疫功能中的重要作用

人体的免疫根据来源、种族进化以及产生的机制可以分为先天性免疫和获得性免疫。无论是先天性免疫还是获得性免疫，这两种免疫所寻觅和捕获的抗原都是带有糖类的物质。相对于先天性免疫，获得性免疫的主要特征是具有“记忆性”，能将相对于人体中的“异己”永久地记录下来。获得性免疫过程是由许多细胞协同完成的，而糖类则在各种免疫细胞的协调、协同工作中起到了重要的作用。

（三）糖类物质与免疫防御

当人体中的病原体要侵入细胞，必须先要破坏细胞外的保护层，而此时细胞表面的多糖会分解出一种低聚糖，这种低聚糖将做为信号分子，诱导机体表现出各种各样的免疫防御功能。

三、摄入糖对运动中机体免疫机能的影响

（一）补糖对运动中机体免疫细胞数量的影响

一定强度的运动可使机体白细胞的数量增加。研究表明，如果在运动前、中、后补充6%浓度的糖饮料，其增加的白细胞数量是不补充糖的2倍，且运动后白细胞数量增加的持续时间也是不补充糖的1.5倍。运动后白细胞数量上的增加实际上是中性粒细胞增多的反映。中性粒细胞是人体血液中主要的吞噬细胞，在防御感染、急性感染中起到了重要的作用。粒细胞胞浆颗粒的溶酶体含有许多酶和杀菌物质，从而能对吞噬体进行消化和分解，起到杀菌的作用。同样的研究还表明，采用同样一定强度的运动时，如果运动前、中、后补充6%浓度的糖饮料，可使运动后的白细胞增加到人体静息状态的3倍，而不补充糖则只能增加2倍。

（二）补糖对运动中机体免疫细胞功能的影响

自然杀伤细胞（NK）是机体重要的固有免疫细胞，是淋巴细胞的一个亚群，不仅与抗肿瘤、抗病毒感染和免疫调节有关，而且在某些情况下，参与超敏反应和自身免疫性疾病的发生。在一定强度的运动后，人体NK细胞的活性是运动前的数倍。小剂量长期服用壳聚糖，甚至可使机体在静息状态下，NK细胞的活性缓慢地增强。这也证实了补糖可升高NK细胞的活性，并且低糖、高脂饮食的人群其NK细胞的活性低于高糖膳食的人群。另一方面，淋巴细胞的增殖幅度也对运动的强度和持续时间十分敏感，长时间、大强度的运动可使淋巴细胞的增殖受到抑制，并且该状态可一直持续到运动后2~6h，而补糖却可使该状态在运动后3h内结束。

（三）补糖对运动中免疫细胞功能的影响

血糖是淋巴细胞、中性粒细胞、巨噬细胞等免疫细胞的重要能源，在机体血液的正常生理浓度下，巨噬细胞对血糖的利用率是谷氨酰胺利用率的10倍。人体中免疫细胞的的代谢速度非常快，因此，要求有充足的营养供给以维持免疫监视。另一方面，糖的供给不仅直接影响白细胞的许多功能，并且通过影响儿茶酚胺、促肾上腺皮质激素释放激素和可的松的循环浓度，间接影响整个淋巴系统。综上所述，补糖可维持血糖浓度，减少应急激素的增加，从而消除对免疫功能的负面影响。

第二节 脂肪与运动免疫

脂肪是三大供能物质之一，通常说的膳食脂肪主要由三种脂类组成：甘油三酯、胆固醇和磷脂（如软磷脂、脑磷脂和神经磷脂等）。食物中的脂肪又称真脂，包括固体的动物脂肪和液体的植物油。脂肪由C、H、O三种元素组成。脂肪是由甘油和脂肪酸组成的三酰甘油酯，其中甘油的分子比较简单，而脂肪酸的种类和长短却不相同。脂肪酸分三大类: 饱和脂肪酸、单不饱和脂肪酸、多不饱和脂肪酸。脂肪可溶于多数有机溶剂，但不溶解于水。

一、脂肪的生物学功能

（一）供给能量

脂肪是三大供能物质之一，其产热量很高。

（二）供给机体必需的不饱和脂肪酸

必需脂肪酸是机体生命活动所必需的，在机体内不能合成，必需从食物中摄取的脂肪酸。亚油酸和ā-亚麻酸是必需脂肪酸。必需脂肪酸是细胞膜、酶、线粒体及脂蛋白的重要组成成分，对生殖、生乳及性成熟有一定的促进作用。

（三）促进机体对脂溶性维生素的吸收和利用

脂肪可促进机体对脂溶性维生素A、D、E、K的吸收和利用。

（四）保护机体

作为脂肪垫包绕在器官周围，保护器官和神经免受损伤。

（五）增加饱腹感

浓缩食物，使食物体积变小，增加美味，给人以饱足的感觉。

（六）构成机体的组成成分和物质的合成材料

固醇类是构成胆固醇、维生素D、性激素和肾上腺皮质激素的原料，胆固醇是不饱和脂肪酸的运输工具，卵磷脂是构成原生质的重要成分，脑磷脂与血液凝固有关，神经磷脂在神经系统的组成上占重要地位。

二、脂肪与免疫功能

（一）脂肪组织与免疫

人体脂肪组织主要分成白色脂肪组织和褐色脂肪组织。后者广泛分布于人体各组织、器官，主要由脂肪细胞、巨噬细胞和间质细胞组成，作为行使功能的基本细胞，多种细胞在机体免疫反应过程中都发挥着重要的作用。

（二）脂肪细胞与免疫

在机体内部发生免疫反应时，脂肪细胞分泌的众多炎症因子不仅可以激活、趋化机体单核细胞、巨噬细胞，介导广义的的免疫炎症反应，参与机体的先天性免疫，还可通过自分泌或旁分泌作用，介导淋巴细胞增殖，活化以及转化，参与机体适应性免疫应答。

（三）脂肪因子与免疫

就脂肪因子的定义而言，炎症介质、瘦素、脂联素、内脂素、抵抗素等在内的多种由脂肪细胞分泌的因子都可称为脂肪因子，其中以肿瘤坏死因子-α、白细胞介素-1、-6为代表的炎症介质，不仅可以通过活化多种固有免疫细胞，发挥天然免疫防御，还可以通过介导T、B淋巴细胞的增殖、活化，来协同参与机体的适应性免疫。另一方面，有不少科学家提出胰岛素抵抗是由免疫系统介导的慢性、非特异性炎症过程。由此可得，脂肪组织可以通过分泌多种细胞因子来诱导胰岛素的抵抗，从而间接地参与了机体免疫反应。

（四）脂肪酸与免疫

多不饱和脂肪酸有两类：n-3多不饱和脂肪酸与n-6多不饱和脂肪酸， 其中最常见的n-3脂肪酸为亚麻酸，而最常见的n-6脂肪酸为亚油酸。研究表明，食物中的脂肪酸可以影响免疫系统的功能。它具有调整吞噬作用、促进细胞因子的产生和白细胞迁移的作用，也干预巨噬细胞的抗体表达。在控制良好的实验及饮食条件下，饮食脂肪酸对动物的自身免疫疾病有较大的影响。在饮食脂肪酸中，对免疫功能影响较大的是n-3多不饱和脂肪酸与n–6多不饱和脂肪酸，而目前研究最多的也是这二者，即亚油酸与亚麻酸对免疫功能的影响。亚麻酸在体内能被延长为EPA（二十碳五烯酸，一种具有20个碳原子和5个双键的直链脂肪酸）与DHA（二十二碳六烯酸,是有六个双键的多元不饱和脂肪酸），亚油酸在体内能被延长为花生四烯酸（AA），它们都是二十烷类的前体，影响免疫细胞，进而影响人体健康。

二、摄入脂肪对运动训练过程中免疫机能的影响

让10名无运动训练经历的青年男子摄入高糖膳食（糖占总能量的65%）和

另外10名青年男子摄入高脂饮食（脂肪占总能量的62%），并进行每周4次耐力性运动训练，持续7周。结果发现，高糖膳食组自然杀伤细胞的细胞活性显著增加，而高脂组自然杀伤细胞的细胞活性显著下降。从而认为，与摄入高糖组相比，在运动训练中摄入高脂膳食对机体的免疫机能产生不利的影响。另有研究证明，在耐力运动试验中，随着膳食中脂肪含量的增加，运动后自然杀伤细胞的百分数、抗炎性细胞因即白细胞介素-2（IL-2, 又名T细胞生长因子）的水平提高，促炎性细胞因子IL-6（白细胞介素-6）和TNF-a（肿瘤坏死因子-a）降低，对PWM（转录因子结合位点）增殖反应下降，说明脂类的提供对抵抗长时间训练引起的炎症反应具有一定的作用。摄入高脂肪膳食的高水平运动员在力竭性运动后血浆皮脂醇、PGE-2（前列腺素E_2）和IFN-γ（γ干扰素）水平没出现显著性增加，而对血浆皮脂醇、PGE-2和IFN-γ无不利影响。每周训练量超过40mile的耐力运动员，摄人42%的脂肪膳食不会损害机体的免疫系统，也不会增加空腹血浆总的甘油三脂、总胆固醇和高密度脂蛋白水平。由于脂肪可通过影响细胞因子和激素的释放有效地调节免疫功能，因此通过合理选择膳食脂肪的数量和质量，对改善和预防剧烈运动引起的免疫抑制效应具有一定的作用。

第三节　蛋白质与运动免疫

蛋白质是生命存在的主要形式，也是构成人体的重要生命活性物质。在蛋白质、脂肪和碳水化合物三大营养素中，蛋白质在运动中供能的比例相对较小。

一、蛋白质的生理功能

（一）构成和修补机体组织

蛋白质是细胞的主要组成成分，占细胞内固体成分的80%以上。肌肉、血液、腱、骨、软骨等都由蛋白质组成。体内破损的组织必需由蛋白质修复，体内代谢必需由蛋白质调节。因此，蛋白质在维持组织的生长、更新和修复中发挥重要作用。

（二）调节人体生理功能

蛋白质是多种重要生理活性物质的组成成分，参与人体多种生理功能的调节。例如，血浆蛋白质能维持机体的渗透压和酸碱平衡；酶蛋白具有促进食物消化、吸收和利用的作用；垂体激素、甲状腺激素、胰岛素及肾上腺素等都是机体的重要调节物质。

（三）增强机体的抵抗力

免疫球蛋白和抗体都属于蛋白质，与机体的免疫力有关。

（四）供给能量

当碳水化合物或脂肪所提供的热能不能满足人体需要，或蛋白质摄入超过体内蛋白质更新的需要时，食物中未被利用的蛋白质及体内更新的蛋白质分解后可释放能量。

二、蛋白质与免疫

（一）蛋白质是机体免疫功能的物质基础

上皮、黏膜、胸腺、脾脏、白细胞以及抗体、补体等都主要由蛋白质参与构成。如若蛋白质摄入量不足将导致营养不良，这将会对免疫器官和免疫细胞的发育和功能造成很大的损害。

（二）蛋白质摄入不足影响组织修复，降低抗感染能力

动物实验表明，缺乏蛋白质的饲料不仅能使动物的体重不断减轻，胸腺组织逐渐萎缩，脾脏重量减轻，而且可对小鼠胸腺细胞分化、成熟产生不良影响，使外周血中T淋巴细胞总数显著减少，功能降低。改为高蛋白饲料后，这些影响会慢慢消失，即免疫活性可缓慢恢复。

尽管蛋白质营养不良对成人机体合成免疫球蛋白（Ig）的能力影响不大，但能使上皮及黏膜组织分泌液中分泌性免疫球蛋白A显著减少，结果使皮肤和黏膜的局部免疫力下降，排除病原菌的能力减弱，容易造成病原菌的繁殖和扩散。

同样，人体实验也表明，蛋白质摄入量不足的人群，其免疫细胞、免疫器官

的发育均落后于正常人群，这使蛋白质摄入量缺乏的人群比正常人群，更容易患上重大传染性疾病。

三、运动与蛋白质免疫功能

运动膳食中的蛋白质含量直接影响运动过程中机体免疫系统的功能。对限制蛋白质摄入的运动员，比如运动员在减体重时，体重减少4%就可出现吞噬细胞吞噬功能的下降。动物实验证明，大鼠如在低蛋白质饮食条件下运动，则往往会出现高皮质酮血症，继发免疫功能下降，处死动物时常见免疫器官萎缩。大多数研究者认为，蛋白质摄入不足，加之训练又加剧对蛋白质的需求，最终导致免疫系统能量不足，这是运动时蛋白质营养不良影响免疫功能的主要原因。

（一）谷氨酰胺与运动免疫

1．谷氨酰胺与运动性免疫抑制

现在的研究发现，同糖一样，谷氨酰胺也是免疫细胞的能源物质，其作用甚至超过了糖。人体运动过程中，骨骼肌释放谷氨酰胺减少，血浆中谷氨酰胺浓度下降，免疫细胞利用谷氨酰胺的速率受限，从而导致运动性免疫抑制。

2．补充谷氨酰胺对运动训练过程中免疫机能的影响

运动后补充谷氨酰胺可以帮助恢复机体的免疫力。运动员在长时间大强度的运动训练后会发生运动性免疫抑制，从而引发上呼吸道感染和肠胃疾病等，不但影响运动员的身体健康，还影响到比赛训练的正常进行。补充谷氨酰胺对运动性免疫抑制有一定的改善，并能显著降低运动员发生疾病的概率。研究表明，口服谷氨酰胺可有效降低运动员在长时间大强度训练后患上感染性疾病的可能。同样，补充支链氨基酸可以阻止运动员在长时间大强度运动后血浆谷氨酰胺水平的下降。

（二）精氨酸与运动免疫

1．精氨酸与免疫功能

精氨酸为非必需氨基酸，但在饥饿、损伤、应激及某些疾病状态下，则为必需氨基酸，故称为条件性必需氨基酸。精氨酸及其代谢产物如NO在免疫防御及

免疫调节、维持和保护肠道黏膜功能以及肿瘤的特异性免疫等方面起着重要的作用。大量实验表明，精氨酸可以增强淋巴细胞功能，促进T细胞有丝分裂，提高IL-2水平，增强单核吞噬细胞作用，改善机体创伤部位的免疫功能，促进伤口的愈合。精氨酸还可以提高自然杀伤细胞的细胞活性和由淋巴因子激活的杀伤细胞的细胞毒性，在抑制肿瘤生长和防御肿瘤扩散中起着十分重要的作用。

2. 精氨酸在免疫防御及免疫调节中的可能机制

精氨酸可以促进机体内免疫球蛋白的合成，并且显著提高人体体液免疫功能以及对抗糖皮质激素的免疫抑制，对前B细胞的成熟起着非常重要的作用。精氨酸还能够促进胰岛素样生长因子（IGF-1）、生长激素、胰岛素、胰高血糖素、催乳素、生长抑制素、胰多肽的生成。而动物下丘脑产生的促生长激素，也同样需要胰岛素样生长因子协同发挥作用，机体内的淋巴细胞大部分都是胰岛素样生长因子的靶细胞。另一方面，大量实验证明，胰岛素样生长因子可以刺激淋巴细胞DNA的合成以及白细胞介素-2（IL-2）的分泌。精氨酸是通过NO的途径和对内分泌激素的影响来调节免疫功能的。NO在鸟苷酸环化酶的作用下使得三磷酸鸟苷变成环磷酸鸟苷，NO的许多功能都是通过环磷酸鸟苷的信号转导机制来实现。在急性炎症的早期，NO可以抑制中性粒细胞的聚集和黏附，降低内皮细胞的通透性并抑制炎性的渗出。精氨酸在细胞NO合成酶的作用下产生L-胍氨酸，并在烟酰胺二磷酸酰苷的协同作用下，通过氧化胍基氮原子生成NO。而NO是一种近些年来发现的重要的免疫调节因子，对机体的免疫系统有着非常重要的调节作用。精氨酸在人体免疫防御、免疫调节方面发挥的作用。主要是通过上调免疫抑制和下调过高的炎症反应来维持免疫平衡的。另一方面，大量研究表明，补充精氨酸可以增加免疫细胞的数量，使得动物的胸腺增大，这样可增强动物对机体内肿瘤靶细胞的溶解作用，增加白细胞介素-2的分泌及其受体的活性，最终增强机体的免疫防御和免疫调节作用。

第四节　维生素与运动免疫

维生素是一组维持人体正常生理功能和健康所必需的一类营养素，只需少量就能满足维持正常生理功能的需要，但不可缺乏，一旦缺乏可引起生理功能障碍和缺乏病。根据维生素的溶解性质，可将维生素分为水溶性和脂溶性两大类。其中；水溶性维生素包括：B族维生素、维生素C、维生素PP等；脂溶性维生素包括：维生素A、D、E、K。

一、维生素的生物学功能

（一）维生素A的生物学功能

维生素A能促进视紫质形成，使人体保持正常视觉；保持上皮细胞组织的完整和健全，增强机体免疫力；清除自由基，减轻脑卒中损伤；维护骨骼的正常生长和修补，促进机体的生长发育；维持神经细胞的正常功能；促进性激素的生成，增强生殖力。

（二）维生素D的生物学功能

维生素D能促进钙、磷的吸收；促进骨骼和牙齿的生长发育；促进皮肤的新陈代谢，增强对湿疹、疥疮的抵抗力；调节机体的免疫功能，表现为促进单核细胞前体转化为单核细胞，增强单核细胞的吞噬功能；调节生殖，如提高受孕率。

（三）维生素E的生物学功能

维生素E能提高糖和蛋白质的利用率；促进性腺的发育，提高生殖机能；具有抗氧化作用；维护骨骼肌和心肌的正常功能；保护肝脏；治疗贫血；抑制肿瘤；防治心脑血管疾病。

（四）维生素K的生物学功能

维生素K能促进凝血酶原的形成，加速血液凝固，维持正常的凝血时间；利尿；强化肝脏的解毒功能；防治骨质疏松症。

（五）维生素C的生物学功能

维生素C能促进胶原生物合成，有利于组织创伤伤口的愈合；促进肠道内铁的吸收；促进生物氧化还原过程，保证细胞膜完整性；改善铁、钙和叶酸的利用；促进类固醇的代谢；阻断亚硝胺形成；改善心肌的功能，增加对应激环境的适应性；有助于预防被动吸烟引起的伤害。

（六）维生素B的生物学功能

1. 维生素B是糖代谢过程中关键性的物质。人体的肌肉和神经所需能量主要由糖类提供，所以最易受累。维生素B充足，则神经细胞能量充沛，可以缓解忧虑、紧张，增加对噪音等的承受力；反之，导致应对压力的能力衰退，甚至引发神经炎。心脏功能由于丙酮酸、乳酸的沉积而受影响。肠胃匮缺能量，蠕动无力，消化功能减弱，且产生便秘。B_1也叫做抗脚气病维生素，严重缺少时引发脚气病。

2. 维生素B和糖、蛋白质、脂肪的代谢密切相关。维生素B能维持和改善上皮组织（如眼睛的上皮组织）、消化道黏膜组织的健康。严重缺乏时会有视力疲劳、角膜充血、口角炎等。当患口角炎时，医生常常会要患者服用核黄素，也就是B_2。

3. B_3在体内构成脱氢酶的辅酶，在碳水化合物、蛋白质、脂肪的代谢中起重要作用。严重缺乏时，引起神经、皮肤、消化道病变，叫做癞皮病，也叫“三D症”，表现为皮炎、腹泻和痴呆。

4. 维生素B能帮助身体组织利用氧气。促进皮肤、指甲、毛发组织的获氧量，祛除或改善头皮屑。

5. 维生素B能解毒。解除酒精和尼古丁等毒素，舒缓头痛、偏头痛、保护肝脏。

6. B_{11}、B_{12}的缺乏将影响胸腺嘧啶、嘌呤等的合成。引起DNA合成障碍。最终导致红细胞的细胞核不成熟，生成无效性红细胞，这就是巨幼细胞性贫血。叶酸是一种重要的维生素，它与B_{12}一起有利于血红细胞形成，预防贫血。孕妇缺乏叶酸会导致胎儿的脊柱裂和无脑畸形。此外，叶酸还有助于保持血液正常的同型半胱氨酸水平（衡量心脏病的重要指标），预防心脏病。如在怀孕前3个月内缺乏叶酸，可导致胎儿神经管畸形，从而增加裂脑儿、无脑儿的发生率。叶酸源于拉丁文“folium”，意思是树叶，因为这种维生素基本上存在于绿叶蔬菜里。对准妈妈而言，叶酸实在是非常重要的维生素，细胞分裂少不了它，在预防胎儿某些先天神经系统及红血球、白血球细胞缺陷、传达遗传密码、避免胎儿脊柱裂方面也有重要作用，对宝宝的小生命影响重大。虽然叶酸在新鲜的没有经过加工的蔬菜里含量比较丰富，但是在标准饮食中摄入量通常不足。

二、维生素与免疫

（一）水溶性维生素与免疫

维生素C是一种具有抗氧化作用的维生素，具有很强的还原性，是维生素E再生过程中的还原剂。维生素C是人体免疫系统所必须的维生素，可以从多方面增强机体的抗感染能力。维生素C对胸腺、脾脏、淋巴结等组织器官生成淋巴细胞有着显著的影响，可以通过提高人体内其他抗氧化剂的水平而增强机体的免疫功能。

维生素C对维持白细胞正常功能是十分必要的。白细胞中含有大量的维生素C，当机体发生急性和慢性感染时，白细胞内的维生素C含量急剧降低，使白细胞对抗病原菌的能力下降；而体内维生素C的含量高，白细胞就比较活跃，清除病原菌的能力就强。脱氢抗坏血酸通过使免疫球蛋白合成过程中二硫键的形成，来促进免疫球蛋白的合成，增强机体的体液免疫能力。

维生素C是胶原合成必不可少的辅助物质，可以提高机体组织对外来病原菌的阻挡作用，如果胶原合成受阻，体内各组织就会变得松散脆弱，病原菌和产生的毒素就更容易透过和扩散。维生素C还可以促进体内谷胱甘肽的生成，谷胱甘肽是刺激免疫系统的一种抗氧化剂，也是体内细菌代谢产物的解毒剂。同时，维生素C与谷胱甘肽的相互作用对于吞噬细胞微管蛋白的产生十分重要，而微管蛋白的缺乏，可以使吞噬细胞的运动能力和吞噬能力降低。维生素C也可以促进淋巴母细胞的生成和免疫因子的产生。另外，维生素C能促进干扰素的产生，抑制新病毒的合成，有抗病毒作用。

当维生素C摄入量缺乏时，机体对同种异体移植的排斥反应、淋巴组织的发育及其功能的维持、白细胞对细菌的免疫反应、吞噬细胞的吞噬能力等均会受到抑制。补充维生素C能促进吞噬细胞的杀菌功能。血清维生素C含量与IgG、IgM水平呈正相关。维生素C还能影响到IgM的轻、重链之间二硫键的形成。

（二）脂溶性维生素与免疫

1. 维生素A与免疫

（1）维生素A对体液免疫和细胞介导的免疫应答起着重要的辅助作用，能提高机体抗感染能力和抗肿瘤能力。维生素A通过以下几个方面影响人体免疫功能，①影响糖蛋白的合成：视黄醛磷酸糖可能参与糖基的转移，而T、B细胞表面有一层糖蛋白衣，它们能结合有丝分裂，决定淋巴细胞在人体内的分布；②影响基因的表达：细胞核是维生素A作用的靶器官，维生素A供应不足，核酸及蛋白的合成大量减少，使细胞分裂、分化和免疫球蛋白的合成都受到极大的影响；③维生素A缺乏可使IL-2、IFN减少、TH细胞、抗原处理及抗原提呈细胞减少，B细胞功能受抑；④影响淋巴细胞膜的通透性。

（2）缺乏维生素A的动物的胸腺皮质萎缩，脾脏生发中心减少，胸腺和脾脏淋巴细胞明显耗竭，外周血液T细胞减少，细胞体外增殖能力降低，补充后能改善。

（3）维生素A缺乏使血清抗体降低，空斑形成细胞降低，IgG分泌显著减少，T细胞不能向B细胞传递足够的刺激信号，补充维生素A后，T细胞功能恢复。维生素A缺乏时，II型T细胞，IL-4或IL-5基因转录受抑；补充维生素A后，动物抗体生成恢复正常。给动物一次大剂量维生素A后，其原发性和继发性免疫反应均升高。目前还有科学家认为：维生素A更重要的作用，是它直接参与抗体合成。

（4）维生素A能影响巨噬细胞的吞噬杀菌能力。维生素A缺乏的人群，肺泡巨噬细胞超氧化物歧化酶、谷胱甘肽过氧化酶活性降低，这些人群补充维生素A后，肺泡巨噬细胞的细胞毒作用及吞噬能力增强。补充维生素A可使患有感染疾病的病人在感染早期（2~3天），细菌繁殖即受抑制，提示维生素A首先增强了单核吞噬系统功能，而非T细胞功能。

（5）此外，维生素A能增强自然杀伤细胞活性，阻断应激所致的胸腺萎缩，消除由类固醇激素引起的免疫抑制，还能增强移植物排斥反应，消除免疫耐受。

2. 维生素E与免疫

维生素E是体内的抗氧化剂，同时又是一种有效的免疫调节剂。维生素E在一定剂量范围内能促进免疫器官的发育和免疫细胞的分化，提高机体免疫功能，提高对感染的抵抗力和降低死亡率。

补充维生素E可提高血液中Ig水平，增强对疫苗或其他抗原产生抗体的能力，而缺乏维生素E则机体的体液免疫状态会受到抑制。在对健康老人的补充实验中，补充一定剂量的维生素E可以使血中抗乙肝疫苗抗体增加和抗破伤风类毒素疫苗抗体反应增强。

维生素E可增强人体内多种细胞的免疫反应，提高对感染的抵抗力和降低死亡率。大剂量补充维生素E可以使机体内血中外周淋巴细胞转化反应增强，使脾细胞数量显著增加，自然杀伤细胞活性增强。维生素E可影响血中多形核白细胞、肺和腹腔巨噬细胞功能，影响它们的吞噬和杀菌能力。

在人类中进行的流行病学调查结果显示，血清中生育酚高的老年人3年内发生感染性疾病的机率下降，并且血清中生育酚的水平与感染发生率呈负相关关系。对老年人群补充维生素E的实验也表明，长期补充维生素E能够维持老年机体的免疫应激状态。因此，摄入充足的维生素E，对于抵抗力下降的老年人的免疫功能的增强有十分重要的意义。

3．维生素D与免疫

维生素D的免疫调节作用对无论是临床还是日常生活，都有着广泛的影响，1，25（OH）$_2$维生素D_3可作为一种免疫刺激激素，这种激素的产生在免疫系统的许多通路中均发挥着重要的作用。1，25（OH）$_2$维生素D_3可以通过刺激巨噬细胞发挥作用，还可以通过1，25（OH）$_2D_3$的免疫反应激活免疫调节从而作用全身，也可仅仅作用于巨噬细胞等局部，并且在巨噬细胞和淋巴细胞的相互作用之间起到一种局部调节因子的作用。大量的动物实验已经证明，维生素D的缺乏与免疫系统的修复反应有着重大的关系。

4．维生素K与免疫

维生素K是维生素的一种，黄色晶体，熔点52℃~54℃，不溶于水，能溶于醚等有机溶剂。维生素K具有防止新生婴儿出血疾病、预防内出血及痔疮、减少生理期大量出血、促进血液正常凝固的作用。维生素K可促进血液凝固，因此维生素K也称凝血维生素。维生素是凝血因子γ羧化酶的辅酶，而其他凝血因子7、9、10的合成也依赖于维生素K。人体缺少它，凝血时间延长，严重者会流血不止，甚至死亡。此外，维生素K还强化肝脏的解毒功能。

第五节　矿物质与运动免疫

人体内除去碳、氢、氧、氮以外的元素称为矿物质，根据人体的含量和日需要量分为必需宏量元素和必需微量元素。日需要量超过100mg的元素为必需宏量元素，包括钠、钾、钙、镁、氯、磷、硫；日需要量在100mg以下的元素为必需微量元素，目前认为人体必需的微量元素有8种，包括铁、锌、硒、铜、铬、钼、钴、碘。

一、钙与免疫

钙是人体中必需的微量元素，具有重要的生理作用。Ca^{2+}在淋巴细胞的激活、增殖以及功能上都发挥着重要的作用。Ca^{2+}是细胞间重要的信号传导分子，是调控免疫细胞功能的重要信号传递者。免疫细胞胞浆中Ca^{2+}浓度的改变能引发细胞若干的生理功能变化。

T淋巴细胞内Ca^{2+}浓度升高的幅度以及持续时间决定了免疫反应的强度和形式。T淋巴细胞的钙信号包括瞬时钙信号和持久钙信号。T淋巴细胞的瞬时钙信号由细胞内钙库释放储备的Ca^{2+}产生。当抗原提呈细胞（Antigen-presenting Cells，APC）提呈的抗原肽-MHC分子复合物与T细胞受体（T-cell Receptor，TCR）结合，经TCR／CD3复合物刺激后，磷脂酶C-γ（phospholipase C-γ，PLC-γ）磷酸化活化。PLC-γ活化后可水解细胞膜上的磷脂酰肌醇-4，5-二磷酸盐酯（Phosphatidylinosital Biphosphate，PIP_2），产生二酰基甘油（Diacyl-glycerol，DAG）和三磷酸肌醇（Inositol Triphosphate，IP_3）。IP_3可与内质网上的IP_3受体结合，激活依赖IP_3的Ca^{2+}通道，使内质网钙库中的Ca^{2+}释放到细胞质中，该过程可使淋巴细胞胞浆Ca^{2+}浓度从静息状态的100nmol/L升高到500nmol/L。尽管内质网释放的Ca^{2+}数量十分有限，只能引起瞬时细胞内Ca^{2+}浓度升高，但是这对于引起细胞膜上Ca^{2+}通道的开放，进而导致细胞外Ca^{2+}大量流入细胞是十分关键的。

当内质网钙库释放的Ca^{2+}数量减少时，基质交互作用因子1（stromal interaction molecule 1，STIM1）被激活，活化后的STIM激活细胞膜上的CRAC通道，细胞外的Ca^{2+}大量内流进入细胞。活化T细胞核因子（Nuclear Factor of Activated T cells，NFAT）可感知持续性的细胞内高Ca^{2+}浓度，并在去磷酸化后定位到细胞核，保持转录活化状态。NFAT是白细胞介素-2（Interleukin-2，IL-2）基因和其他细胞因子的一个关键转录调节子。

在B淋巴细胞分化成熟的过程中，Ca^{2+}调节信号与B细胞受体（B-cell Receptor，BCR）共同发挥了重要作用。BCR的结构包含抗原结合表位、Igα/Igβ异源二聚体以及免疫受体酪氨酸活化基序。BCR接受活化信号刺激后引起细胞质内蛋白酪氨酸激酶活化，使调节蛋白Src同源第2结构域含白细胞适配器65kDa蛋白（SLP-65)磷酸化，磷酸化的SLP-65可激活Ca^{2+}内流所需要的关键酶，如Bruton酪氨酸激酶（Bruton's Tyrosine Kinase，Btk）和PLC-γ2等，形成具有SH2结构域效能的多重分子复合物。此复合物能使Btk磷酸化，激活PLC-γ2。同T淋巴细胞内的途径一致，活化的PLC-γ2将PIP_2水解成可溶性IP_3和DAG。IP_3激活内质网膜上的IP_3调节Ca^{2+}通道，使贮存在内质网内的Ca^{2+}释放进入细胞质。当内质网贮存的Ca^{2+}减少后，可激活STIM，STIM再激活膜上的储存控制钙通道（Store Operated Ca^{2+} Channels，SOCs），使细胞外Ca^{2+}内流。与T淋巴细胞不同，B淋巴细胞活化所需要的大量Ca^{2+}主要通过第二信使分子控制的Ca^{2+}通道（Second Messenger-operated Ca^{2+} Channels，SMOC）内流，此通道由DAG激活。DAG还可活化其他多种效应分子，比如蛋白激酶C-β和Ras鸟嘌呤核苷酸释放蛋白。

Ca^{2+}大量进入T、B淋巴细胞后，可引起T、B淋巴细胞各自不同的瞬时和长时效应。

二、锌与免疫

锌是机体必需的微量元素之一，是人体内100余种酶的组成成分。它以锌离子、锌依赖酶或其他锌蛋白的形式存在于体内，具有多种生理功能，包括维持正常的碳水化合物、脂类、蛋白质的代谢，尤其对免疫系统的发育和正常免疫功能的维持有着不可忽视的作用。锌缺乏除引起动物生长发育迟缓外，最明显受累的器官是胸腺和脾脏，它可影响胸腺发育或使其萎缩。适量锌可促免疫细胞发育、DNA合成、细胞分化增殖。淋巴细胞特别是T淋巴细胞对缺锌特别敏感，锌缺乏的动物，其脾和外周血淋巴细胞数目、淋巴细胞增殖率显著下降。锌也可通过影响吞噬细胞的数量、功能及灭菌活性影响机体的免疫功能。缺锌的大鼠外周血白细胞数量、腹腔巨噬细胞的吞噬率及吞噬指数、杀菌活性显著下降，白细胞总数可减少到正常大鼠的60%左右，并且随着时间延长逐渐降低，补锌后可恢复正常。锌还可以通过不同机制影响细胞因子的分泌，从而影响T细胞和B细胞的活化和免疫调节。

有研究表明，反复呼吸道感染的儿童机体免疫力低下与体内缺锌有关，补锌治疗有较佳疗效。对尿毒症患者的研究发现，他们血清锌含量显著低于正常人群，外周血的T细胞亚群平衡失调，这可能与尿毒症患者免疫功能低下，易患肿瘤和感染性疾病有关。

高锌同样可抑制免疫器官发育和免疫细胞功能，可能是通过干扰其他营养素尤其是铜、铁的吸收而影响免疫细胞的发育。适量摄入锌可增强儿童、老年人及一些特殊病人的免疫功能，对胃肠道、呼吸道感染性疾病及寄生虫病的预防和治疗有重要作用，但过量补充会产生不良影响，故锌摄入量要适宜。

三、铁与免疫

铁在人体必需微量营养素中含量最多。铁可激活多种酶，当铁缺乏时，核糖核酸酶活性降低，肝、脾和胸腺蛋白质合成减少，使免疫功能出现各种异常。在体内，由于游离铁是细菌生长所必需的，故用乳铁素或其他螯合剂除铁，可降低细菌繁殖；但另一方面，适量铁又是维持免疫器官的正常生长和发育、NK细胞、中性细胞和淋巴细胞活性所必需。铁缺乏可使胸腺萎缩，影响胸腺内淋巴细胞的正常分化和形成。铁缺乏时常有大量的T细胞和吞噬细胞异常，特征性的改变包括炎性反应（如DTH反应）减弱，中性粒细胞和巨噬细胞细胞毒性作用降低，淋巴细胞增生，细胞数量、细胞因子释放和抗体产生减少以及淋巴组织萎缩。另外，铁缺乏者对破伤风类毒素和单纯疱疹抗原所起的反应降低，补铁治疗后明显改善。铁对免疫功能的影响与几种因素的相互作用有关：游离铁对微生物有促进生长的作用；未饱和铁结合蛋白有抑菌作用；对免疫应答的直接作用，包括对体液免疫、细胞免疫和对吞噬作用的影响；对非特异免疫的影响，如维持正常的上皮屏障和维持含铁酶的活性。

四、硒与免疫

硒是一种人体必需微量元素，具有较强的抗氧化作用，为若干抗氧化酶的必需组分。进入体内的硒绝大部分与蛋白质结合，称为含硒蛋白，目前认为只有其中的硒蛋白具有生物功能，且为机体硒营养状况所调节。适宜硒水平对于保持细胞免疫和体液免疫是必需的。免疫系统依靠产生活性氧来杀灭外来微生物或毒物。例如，感染时，中性粒细胞的“呼吸爆发”，产生大量H_2O_2（过氧化氢）来消灭入侵细菌，出现炎症反应。但是，多余的H_2O_2也会破坏自身细胞，这就需要宿主有防御氧化系统来保护自身。硒在白细胞中的检出和硒作为抗氧化硒酶组分的发现，为硒在免疫系统中的作用提供了初步解释。以后，又在脾、肝、淋巴结等所有免疫器官中检出硒，并观察到补硒可提高宿主抗补体的应答能力等。

硒具有明显的免疫增强作用，可选择性调节某些淋巴细胞亚群产生、诱导免疫活性细胞合成和分泌细胞因子。补硒能增强小鼠对移植物的排斥反应，促进T淋巴细胞对有丝分裂原或特异性抗原刺激的反应性。缺硒虽无致有丝分裂作用，但可抑制机体免疫应答反应，影响细胞毒性T淋巴细胞活性的诱导。

硒免疫调节作用的机制主要有四方面：①通过抗氧化硒酶等消除H_2O_2和有机氢过氧化物毒性；②调节类二十烷酸合成途径平衡，使白三烯和前列环素优先合成；③下调细胞因子和黏着分子表达；④上调白细胞介素-2受体表达，使淋巴细胞、天然杀伤细胞、淋巴因子激活杀伤细胞的活性增加。维持细胞内硒的一定水平对保护机体健康、增强其抗病能力均具有重要意义。

已有研究表明，维生素E和硒对免疫系统的作用是彼此独立的，但同时给予维生素E和硒可对加强免疫反应起协同作用，反之，同时缺乏可导致免疫反应的明显下降。

第六节　水与运动免疫

一、水

对人体而言，水是仅次于氧气的重要物质。在成人体内，体重的60%是水。儿童体内水的比重更大，可达近80%。如果一个人不吃饭，仅依靠自己体内贮存的营养物质或消耗自体组织，可以活上一个月。但是如果不喝水，连一周时间也很难度过。体内失水10%就威胁健康，如失水20%就有生命危险。

水占成人体重的60%，占少年体重的65%，是人体体液的主要成分。水具有运输营养、排除废物、维持血液流量和酸碱平衡的作用。人体的物质代谢都是在细胞内水环境中进行的，水还具有维持体温、保持脏器的形态和机能等作用。因此，人体缺水可引起细胞功能下降，代谢能力降低，大脑机能减退，循环障碍，体温升高，血液酸化等不良后果，严重影响运动能力。运动时出汗丢失大量的水、盐叫脱水。脱水达体重的2%，即会导致有氧耐力降低；脱水达体重的4%~5%，运动能力下降20%~30%；脱水达体重7%，运动能力严重降低。因此，运动员在气候炎热条件下进行训练时，注意水和盐的平衡是十分重要的，训练后补足失去的水和盐是获得良好恢复的方法之一。

在新陈代谢过程中，人体内物质交换和化学反应都是在水中进行的。水不仅是体内生化反应的介质，而且水本身也参与体内氧化、还原、合成、分解等化学反应。水是各种化学物质在体内正常代谢的保证。如果人体长期缺水，代谢功能就会异常，会使代谢减缓从而堆积过多的能量和脂肪，使人肥胖。

由于水的溶解性好，流动性强，又包含于体内各个组织器官，水充当了体内各种营养物质的载体。在营养物质的运输和吸收、气体的运输和交换、代谢产物的运输与排泄中，水都是起着极其重要的作用。比如，运送氧气、维生素、葡萄糖、氨基酸、酶、激素到全身；把尿素、尿酸等代谢废物运往肾脏，随尿液排出体外。

水的比热高，对机体有调节体温的作用。防止中暑最好的办法就是多喝水。这是因为人体摄入的三大产能营养素在水的参与下，利用氧气进行氧化代谢，释放能量，再通过水的蒸发可散发大量能量，避免体温升高。当人体缺水时，多余的能量就难以及时散出，从而引发中暑。此外，水还能够改善体液组织的循环，调节肌肉张力，并维持机体的渗透压和酸碱平衡。

在缺水的情况下做运动是有风险的。因为组织器官缺少了水的润滑，很容易造成磨损。因此，运动前的1个小时最好要先喝充足的水。体内关节、韧带、肌肉、膜等处的活动，都由水作为润滑剂。水的黏度小，可使体内摩擦部位润滑，减少体内脏器的摩擦，防止损伤，并可使器官运动灵活。同时水还有滋润功能，使身体细胞经常处于湿润状态，保持肌肤丰满柔软。定时定量补水，会让皮肤特别水润、饱满、有弹性。

不爱喝水的人往往容易长痘痘，这是因为人体排毒必须有水的参与。没有足够的水，毒素就难以有效排出，淤积在体内，就容易引发痘痘。水不仅有很好的溶解能力，而且有重要的稀释功能，肾脏排泄水的同时可将体内代谢废物、毒物及食入的多余药物等一并排出，减少肠道对毒素的吸收，防止有害物质在体内慢性蓄积而引发中毒。因此，服药时应喝足够的水，以利于有效地消除药品带来的副作用。

二、运动水代谢的特点

（一）出汗速率大、出汗量大

运动强度是影响出汗率的主要因素。当运动员进行大强度运动训练或比赛时，为排出运动产生的热量会大量出汗。

（二）排尿量少

运动员进行高强度、大运动量的训练，尤其是在高温高湿环境中进行运动训练时，由于出汗量加大，致使排尿量减少。

（三）呼吸道排水量大

运动引起机体组织细胞代谢率增加，对氧的需求和二氧化碳的排出都增加，因此，呼吸的频率加快和幅度加深，使运动员从呼吸道丢失的水分增加。

（四）代谢水产生增多

运动员进行运动训练或比赛时，因代谢增加，导致代谢水产生也增加。

三、运动与补水

运动时排汗是为了维持体温恒定。然而，没有补液，排汗的结果就是脱水，以致体温上升，而且体温升高的程度直接与脱水程度有关。因此，只有在运动前、中、后及时适量地补充体液，才能确保身体得到足够的水分和能量，防止脱水，促进补水，提高运动成绩。

（一）运动前补水

近年来的研究表明，运动前适当补液对运动者有利无害。不仅要在运动前适时、适量地补液，还应该特别注意运动员在运动前的水合状态。在比赛或训练前

2h左右补液600ml，在比赛或训练开始15min再补液400ml。这样就可预防长时间剧烈运动时，过度脱水引发的不利症状的出现，为运动时机体的正常能量代谢奠定基础。许多研究证明，在长时间耐力性运动中，运动员在运动前45~60min和运动中补充糖-电解质饮料，虽然运动前的血糖和胰岛素都升高，但在运动中并未出现低血糖现象，而且运动能力和成绩都有显著的提高。

（二）运动中补水

运动中由于肌肉收缩产生大量的热，体温升高，出汗增加，如不及时补液，就会出现脱水。一般认为，运动中补液应间隔15~20min补液150~300mL。一般情况下，补液量以不大于800ml为宜。在运动过程中的补液，还必须考虑机体对碳水化合物（糖），水及钠的需要。许多研究显示，在补液过程中，如果不能补充丢失的盐分，即使大量摄入液体，运动后也不会重新达到液体平衡。陈吉棣教授的研究指出，在长时间耐力性运动中补充低聚糖饮料，可使血糖维持在较高水平，并可稳定血容量、血清胰岛素和血乳酸水平，增加运动做功和延长运动时间。另有研究表明，糖-电解质饮料的补充提高了冰球运动中的滑行参数，网球发球和防守的成功率，增加了足球运动员比赛下半场的跑动距离。

（三）运动后补水

运动后补液有利于机体的生理功能恢复和运动性疲劳的消除，应加以重视。运动后补液应以少饮多次为原则，其补液量应是运动中体重丢失的150%，以保证补回运动中出汗和运动后排尿所造成的体液丢失。另外，还可采用像监测体重或强化饮水等手段，保证饮、失水率相平衡。运动后的补液采用糖-电解质饮料，这样可加速恢复血浆容量。最新研究表明，在运动后，根据不同运动项目适量补充18mmol/L~59mmol/L含钠的糖-电解质饮料，不仅可以补充丢失的水分和电解质，而且有助于防止或延迟运动性疲劳的发生，对提高运动成绩有明显效果。

第七节 膳食纤维素与运动免疫

膳食纤维素，是一种不易被消化的食物营养素，主要来自于植物的细胞壁，包含纤维素、半纤维素、树脂、果胶及木质素等。膳食纤维素虽然不能被消化吸收，但在体内具有重要的生理作用，是维持人体健康必不可少的一种营养素。

一、膳食纤维素的生物学功能

膳食纤维素能增加粪便体积，软化粪便，刺激结肠内的发酵，降低血液中总胆固醇和低密度胆固醇的水平，降低餐后血糖和胰岛素水平。因此，膳食纤维素具有预防便秘、血脂异常、糖尿病的作用，并有益于肠道健康。

二、膳食纤维素的临床功能

（一）治疗糖尿病

膳食纤维素可提高胰岛素受体的敏感性，提高胰岛素的利用率；膳食纤维能包裹食物的糖分，使其逐渐被吸收，有平衡餐后血糖的作用，从而达到调节糖尿病患者的血糖水平，治疗糖尿病的作用。

（二）预防和治疗冠心病

血清胆固醇含量的升高会导致冠心病。胆固醇和胆酸的排出与膳食纤维素有着极为密切的关系。膳食纤维可与胆酸结合，而使胆酸迅速排出体外，同时膳食纤维与胆酸结合的结果，会促使胆固醇向胆酸转化，从而降低了胆固醇水平。

（三）降压作用

膳食纤维能够吸附离子，与肠道中的钠离子、钾离子进行交换，从而降低血液中的钠钾比值，起到降血压的作用。

（四）抗癌作用

自20世纪70年代以来，膳食纤维在抗癌方面的研究报道日益增多，尤其是膳食纤维与消化道癌的关系。早期在印度的调查显示，生活在印度北部人们膳食纤维的食用量大大高于南部，而结肠癌的发病率也大大低于南部。根据这个调查结果，科学家做了更加深入的研究，发现膳食纤维防治结肠癌有以下几点原因：①结肠中一些腐生菌能产生致癌物质，而肠道中一些有益微生物能利用膳食纤维产生短链脂肪酸，这类短链脂肪酸能抑制腐生菌的生长；②胆汁中的胆酸可被细菌代谢为细胞的致癌剂和致突变剂，膳食纤维能束缚胆酸等物质并将其排出体外，防止这些致癌物质的产生；③膳食纤维能促进肠道蠕动，增加粪便体积，缩短排空时间，从而减少食物中致癌物与结肠接触的机会；④肠道中的有益菌能够利用膳食纤维产生丁酸，丁酸能抑制肿瘤细胞的生长增殖，诱导肿瘤细胞向正常细胞转化，并控制致癌基因的表达。

（五）治疗肥胖症

膳食纤维取代了食物中一部分营养成分的数量，而使食物总摄取量减少。膳食纤维增加唾液和消化液的分泌，对胃起到了填充作用，同时吸水膨胀，能产生饱腹感而抑制进食欲望。膳食纤维与部分脂肪酸结合，这种结合使得当脂肪酸通过消化道时，不能被吸收，因此，减少了对脂肪的吸收率。

（六）清除外源有害物质

膳食纤维对阳离子有较强的结合和交换能力，能吸附结合有机化合物，可以作为某些环境污染物质最后的屏障，防止它们最终侵害人体，起到解毒作用。目前已发现膳食纤维对钙、汞、铅、高浓度铜、锌，特别是有机阳离子具有清除能力，可使它们的浓度由中毒水平达到安全水平。此外，不溶性膳食纤维可缩短粪便在肠道的停留时间，稀释有害物质在肠道中的浓度，减少有害物如黄曲霉毒素、亚硝胺、酚、多环芳烃等在肠道的滞留时间，从而减少人体对它们的吸收。水溶性膳食纤维被人体消化吸收，进入大肠内为双歧杆菌所利用，促进双歧杆菌增殖。双歧杆菌能分解致癌物亚硝胺，并能提高巨噬细胞的吞噬能力，增加人体免疫功能和对肿瘤的抵抗力。

第八节 平衡膳食

当今由于营养过剩造成的肥胖、心血管疾病、糖尿病、肿瘤等慢性疾病对健康的威胁越来越引起人们的重视，合理营养和平衡膳食已引起人们的广泛注意。

一、平衡膳食

平衡膳食、合理营养是健康饮食的核心。合理营养是科学合理地使机体摄取、消化、吸收和利用食物中的营养素，以维持生命活动的整个过程。平衡膳食是指膳食中所含的营养素种类齐全、数量充足、比例适当，膳食中所供给的营养素与机体的需要能保持平衡。在实际应用中，除了需要考虑食物中所含营养素的种类和数量外，还必须考虑食物合理的加工方法、烹饪过程中如何提高营养素的消化率和减少营养素损失等问题。合理营养是健康的物质基础，平衡膳食是合理营养的唯一途径。平衡膳食的基本要求包括以下四个方面。

（一）满足人体所需的能量和营养素且比例适宜

人体每天吃进去的食物的营养物质的种类、数量、质量及相互间的比例必须适合人体不同生理状况的实际需要，食物供给的能量与机体消耗的能量保持平衡，要保证热能、蛋白质、碳水化合物、脂肪、无机盐、维生素、膳食纤维、水分足够的供给且比例适宜。

（二）科学合理的膳食制度

平衡膳食的实现必需依赖科学的膳食制度，即合理安排一天的餐饮、两餐之间的间隔和每餐的数量和质量，使进餐与日常生活制度和生理状况相适宜，与消耗过程相适宜。按照我国传统的生活习惯，一般每日三餐比较合理，两餐的间隔时间为4~6h。三餐能量推荐比例为早餐占总热能的25%~30%，午餐占30%~40%，晚餐占30%~40%。早餐要保证摄入足够的能量，午餐多食富含蛋白质和脂肪的食物，晚餐进食易消化的食物和避免能量过剩。

（三）食物品种多样、加工烹饪合理

食物类型应包括谷类、薯类、动物性食物、奶类、豆类及其制品、水果蔬菜等，要尽可能选择多种食物搭配，注意食物色、香、味型等感官性状的要求，食物在加工过程中，要选择合理的加工烹饪方式。

（四）保证食物安全卫生

食物不应含有对人体造成危害的各种有害因素，食物中的天然成分、添加成分或食品污染物以及食品加工过程，必须符合食品卫生标准和相关法规，不能对人体造成健康危害。

二、中国居民膳食指南

膳食指南是根据营养学原则，结合我国国情，倡导人民群众采用平衡膳食，以达到合理营养促进健康为目的的指导性意见。

《中国居民膳食指南》要求居民：食物要多样性，以谷类为主；多吃蔬菜、水果和薯类；常吃奶类、豆类及其制品；经常吃适量鱼、禽、蛋、瘦肉，少吃肥肉和油腻；食量与体力活动要平衡，保持适宜的体重；吃清淡少盐的膳食；如饮酒应限量；吃清洁卫生、不变质的食物。

第九节 运动营养

运动能促进健康，健康水平的提升并不是在运动中产生，而是在运动后的恢复过程中产生的。因此，体育锻炼促进健康必须重视锻炼后的恢复过程，而营养是促进恢复的重要手段。对一个人来讲，没有最有营养的食物，也没有最适合的运动方式，只有各种食物的搭配、各种运动方式的搭配，才是身体最需要的营养和锻炼方式。比如蔬菜、水果搭豆类食品、五谷类食品；有氧运动搭力量练习、柔韧性练习等。

运动营养是研究不同锻炼类型、不同锻炼时期如何搭配不同营养的学问，是研究如何用营养手段最大化体育锻炼的学问。运动营养目的就是提高运动员训练的效果、提高普通大众体育锻炼的健康效果。

一、常用的运动营养基本原理

（一）运动营养时效性原则

运动营养的时效性有两个重点，一是运动后的营养窗口期；二是运动后胰岛素与血糖的问题及相应的营养补充。

1. 营养窗口期

指运动中及运动后半小时内，相应的运动肌肉充血、血管网充分开放，各种身体激素、酶活性的变化也达到最佳，肌肉也得到了运动的刺激，准备好要进行修复。这时候，如果血液中有丰富的氨基酸等修复材料，则恢复就很快，达到超量恢复的效果，即功能恢复超过运动前水平。因此，运动营养非常重视运动中和运动后半小时内营养的补充。为了充分利用好营养窗口期，人们使用了各种能够消化吸收入血提高血液营养素的营养物质，如乳清蛋白粉。

2. 运动后胰岛素和血糖问题

运动时肌肉消耗肌糖元，运动结束后，为补充、修复肌糖元，肌肉会持续利用血糖，因此，运动后血糖会持续下降，运动消耗血糖的效果可以持续17h。只有运动前后才可以摄入吸收快的碳水化合物，如果想吃什么高糖食品，就安排在运动后即刻，或者吃完后20min即刻去锻炼。食物进入消化道，到进入血液，最快也要20min。因此，吃饭完毕后20min再去锻炼。

（二）全天营养平均化原则

在总营养量不变的情况下，尽量将食物营养分摊到多次进食中，也是控制营养吸收速度的好方法，有利于营养的吸收和体重的控制。在总热量不变的情况下，拿出部分食物在运动前、运动中、运动后补充，不仅利用了营养窗口原理增加了锻炼的健康效果，而且避免运动后过度饥饿。过度饥饿往往导致暴饮暴食。不要让身体在饥饿状态下进餐，是避免过度饮食的重要方法。

（三）个体化营养指导原则

营养的搭配要考虑个人现有饮食习惯、生活习惯。任何人的饮食模式都没有完美的，可以考虑营养补充剂的搭配。另外，要根据锻炼情况，避免低血糖，在低血糖时期要有糖的补充。

二、运动营养常见问题

（一）运动锻炼中是否需要喝饮料补充体能

运动锻炼中是否补充饮料取决于运动强度和时间以及运动的类型。运动强度大、靶心率超过75%最大心率的、锻炼心肺功能的有氧运动可以补充饮料糖，而力量练习和柔韧性锻炼不需要补充糖饮料。此外，目前大众体育锻炼主要是每天半小时左右的中等强度的体育锻炼，消耗能量少，消耗糖的速度慢，无需补充糖饮料。如果出汗量大，要注意补充水分和盐分。

（二）什么样的饮料有利于控制体重?

控制体重，饮食应该注意如何挑选食物、如何烹饪食物和如何吃三个方面。

1. 挑选食物

一方面要挑选热量低的食物，如低脂肪、低胆固醇、低热量；另一方面要挑选低血糖指数食物。血糖指数是目前挑选食物的一个重要判别指标，反映食物对于血糖水平的影响速度和影响程度。如果食物中碳水化合物消化、吸收快，则对血糖的影响就快，这样的食物就是高血糖指数食物。经常食用高血糖指数食物，对胰岛造成了很大的压力，容易发生胰岛素抵抗，容易导致肥胖。胰岛素抵抗是肥胖、心血管疾病、糖尿病等疾病的共同病理基础。常见的高血糖指数的食物如含糖饮料、所有果汁、稀饭、精米精面做的食物（包括米饭、面条、白面包、稀饭、米粥等）这些食物应该尽量少吃。低血糖指数的食物如粗加工的全麦面包、燕麦片、新鲜玉米、红薯等。

2. 如何烹饪食物

水果要直接吃，尽量不要榨汁吃。烹饪食物的方法，最好选择蒸、煮、涮等不需要油的烹饪方法。

3. 如何吃

尽量细嚼慢咽，延缓食物进入身体的时间。临睡前3h，最好不要进食。

复习题

1. 营养素的概念与种类。
2. 糖的摄入对运动中免疫功能的影响。
3. 脂肪的摄入对运动中免疫功能的影响。
4. 谷氨酰胺与运动性免疫抑制的关系。
5. 举例说明维生素与运动免疫之间的联系。
6. 举例说明微量元素在运动免疫中的作用。
7. 阐述水的生物学功能与运动员补水的方法。

8. 阐述膳食纤维素的概念与其生物学功能。

参考文献

[1] Ronald J.Maughan.Volume VII of the encyclopaedia of sports medicine[J]. Nutrition in sport, 2005

[2] Houston MC. The role of nutrition, nutraceuticals, vitamins, antioxidants, and minerals in the prevention and treatment of hypertension[J]. Altern Ther Health Med. 2013,19 Suppl 1:32-49.

[3] 王杨，张林. 医用运动生理学[M]. 北京：中国医药科技出版社，2010.

[4] 高顺生. 运动免疫学[M]. 北京：北京体育大学出版社，2003.

[5] 张钧. 运动营养学（第二版）[M]. 北京：高等教育出版社，2010.

[6] 龚非力. 医学免疫学[M]. 北京：中国科学出版社，2009.

[7] 郝选明. 高级运动生理学——理论与应用[M]. 北京：高等教育学院，2003.

[8] 王耀飞，徐飞. 急性运动对T淋巴细胞及其亚群的影响与运动免疫的关系[J]，2005.

[9] 张缨. 实用运动免疫学[M]，北京：北京体育大学出版社，2005.

[10] 中国体育学会.科学健身新理论与新方法，2013.

第十一章　免疫学技术

免疫学技术是开展免疫学研究和实施免疫干预的重要手段。

第一节　免疫细胞的分离及检测技术

免疫细胞是一组很不均一的细胞群体，主要包括T淋巴细胞、B淋巴细胞、NK细胞、单核-巨噬细胞、树突状细胞、中性粒细胞、嗜碱性粒细胞、嗜酸性粒细胞等。在体内，各种免疫细胞相互分工、相互协作、相互制约，共同完成对抗原物质的识别、应答和清除，以维持机体内环境的稳定。因此，免疫细胞数量和功能的检测对于了解机体的免疫状态具有重要的意义。

一、人外周血单个核细胞的分离

【实验目的】

分离外周血中的单个核细胞（Peripheral Blood Mononuclear Cells, PBMC），为进行T、B淋巴细胞分离纯化和开展免疫细胞检验做准备。

【实验原理】

外周血中含有大量单个核细胞（包括淋巴细胞和单核细胞）。利用PBMC与外周血中其他细胞的差异，在密度为1.077±0.001g/ml的等渗溶液中进行密度梯度离心。细胞体积越大，细胞在一定的离心场中的离心速度也越高。因此，凝聚的红细胞和粒细胞在沉降时快于PBMC，使PBMC层位于红、粒细胞层上方的分离液中。不同动物种属间单个核细胞比重存在差别，因此在实验时应选取不同的分离液。

【材料与器材】

1. 材料

静脉抗凝血，PH7.2~7.6 的Hank's液，PBMC分离液，含1%牛血清白蛋白的PBS液，RPMI-1640培养液，0.4%台盼蓝染液。

2. 器材

灭菌离心管，毛细吸管，水平离心机，培养皿，血细胞计数板，清洁试管若干，显微镜。

【实验步骤】

1. 取静脉抗凝血加入干净试管中，用PH7.2~7.6 Hank's液将抗凝血对半稀释。

2. 取拟分离血样1/2体积量的PBMC分离液置于灭菌离心管内。

3. 用毛细吸管吸取稀释血液，在距分离液上约10mm处，沿试管壁缓慢加入，使稀释血液悬浮于分离液上。

4. 水平离心机2000r/min，离心20min。

5. 用毛细吸管吸取悬浮于血浆与分层液之间的灰白色的薄层，将其移入另一试管中用Hank's液或含1%牛血清蛋白的PBS液重复洗涤数次。

6. 将洗涤后的细胞重悬浮于RPMI-1640培养液中。

7. 取细胞悬液0.1ml加等量0.4%台盼蓝染液，混匀，取适量滴入血细胞计数板内对细胞悬液进行计数。

【实验公式】

细胞数/ml=（4个大方格细胞数/4）× 10000 × 稀释倍数

PBMC总数=细胞浓度 × 细胞悬液体积

【实验结果及讨论】

如实记录实验结果并对实验结果进行讨论。

【注意事项】

分离液应避光保存于4℃，取出后置室温，并待其温度上升至18℃~20℃。

加稀释血液时，应叠加在细胞分层液上，不能搅混分离液面。

二、淋巴细胞活力的测定

【实验目的】

对分离纯化后或经冻存复苏后的淋巴细胞的细胞存活数量进行测定即为淋巴细胞活力的测定。

【实验原理】

常用方法为台盼蓝染色法。台盼蓝是一种阴离子型染料，活细胞由于细胞膜正常完整，染料不能通过，故活细胞不着色；而死亡细胞的细胞膜通透性增加，可使染料通过细胞膜进入细胞内，使细胞着色呈蓝色。应用血细胞计数板计算活细胞的百分率即为细胞活力。

【材料与器材】

1. 材料

待检测淋巴细胞悬液，台盼蓝染液。

2. 器材

吸管，小试管，孵育箱，血细胞计数板，显微镜。

【实验步骤】

1. 吸取2滴细胞悬液与1滴台盼蓝染液放入一小试管混匀。

2. 置于37℃孵育。

3. 取孵育后1滴染色后悬液加入血细胞计数板内，在显微镜下观察，其中正常细胞不着色，死亡细胞呈蓝色。

4. 计数200个细胞，计算活细胞百分率。

【实验公式】

细胞数/ml=（4个大方格细胞数/4）×10000×稀释倍数

存活细胞总数=存活细胞浓度×细胞悬液体积

活细胞百分率=存活细胞总数/原细胞液细胞总数

【实验结果及讨论】

如实记录实验结果并对实验结果进行讨论。通常活细胞应在95%以上。

第二节　免疫球蛋白（抗体）检测技术

一、免疫球蛋白的测定

免疫球蛋白是指具有抗体活性或化学结构与抗体相似的球蛋白，共有IgG、IgA、IgM、IgD和IgE五类。血液中IgG、IgA、IgM含量较高，可用免疫浊度法或琼脂扩散法检测，血液中IgD和IgE含量较低，可用ELISA法或放射免疫法检测，这些方法也可用于检测血液中的一些与某些疾病相关联的异常的免疫球蛋白。

（一）免疫浊度法测定IgG、IgA、IgM含量

【实验原理】

被测血清中的Ig能与抗Ig抗体反应，形成免疫复合物，后者能在含PEG等亲水剂的液相中析出，出现浑浊，用比浊计或分光光度计可测定复合物的透光率或吸光率，然后求出Ig的含量。因为复合物或Ig的含量与透光率成反比，与吸光率成正比。

【主要试剂与器材】

1. 抗血清：可自制，也可购自生物制品所。要求抗血清效价高、纯度高、亲和力高，最好采用结合范围宽的R型抗体，即来源于兔、鼠等动物的抗体。

2. 标准Ig：采用经国际标准品标定的Ig标准品。

3. 测定缓冲液：应采用各仪器推荐的测定缓冲液。以下配方可供选用。

PEG (MW=6000)	20.0g
NaF	21.0g
NaCl	9.0g
NaN_3	1.0g
DW	1000ml

配好的缓冲液经G6号滤器过滤后，4℃保存。

【操作步骤】

1. 用测定缓冲液稀释标准品，各Ig分别稀释成以下浓度（mg/dl）

IgG：500; 900; 1300; 1700; 2100

IgA：100; 200; 300; 400; 500

IgM：50; 100; 150; 200; 250

每一段稀释浓度设3个重复管，每管加25μL。

2. 用测定缓冲液稀释血清标本，测IgG时，标本作1:40稀释；测IgA、IgM时，标本作1:5稀释。每一稀释度设3个重复管，每管加25μL。

3. 抗血清预先滴定，取抗体稍过量的滴度，用测定缓冲液稀释，并以3000rpm离心20min，取上清分别加至标准品管和标本管，每管加2.5ml。同时设空白管和单加抗血清管。

4. 37℃水浴1h（IgG）或2h（IgA或IgM）,以比浊汁或分光光度计测定A_{495}值。

【结果判断】

标本吸光度=测定管吸光度-空白对照管，以吸光值为纵坐标，Ig含量为横坐标作标准曲线，对照标准曲线可得相应结果。正常人参考值可见表11-1。

表11-1　健康人各年龄组血清Ig含量参考值（mg/dl，$\bar{x}\pm SD$）

年龄	IgG	IgA	IgM	年龄	IgG	IgA	IgM
新生儿	970±400	0.82±0.5	12.7±7.4	7岁	728±280	86±52	94±50
4个月	520±198	24±11	57±31	12岁	1020±384	121±58	85±56
7个月	540±234	23±18	56±32	15岁	980±344	139±90	94±52
1岁	640±280	32±24	82±44	18岁	1030±384	149±96	93±52
3岁	720±338	64±50	84±44	成人	1287±135	235±34	108±24

【注意事项】

1. 血清样品应是新鲜采取的，无黄疸，无溶血，无细菌污染并避免高血脂血。

2. 每次测定均需作标准曲线。

（二）单相琼脂扩散法测定IgG、IgA、IgM含量

【实验原理】

将抗Ig抗血清均匀地混合在琼脂中，待琼脂凝固后在其上打孔，加样。检样中如有相应Ig存在，会呈放射状扩散，与琼脂中的抗体结合，形成沉淀环。沉淀环的直径与Ig量成正比。

【主要试剂与器材】

1. 2.4%琼脂：称取2.4g琼脂，加100ml 0.05mol/L，pH 8.2巴比妥钠-HCL缓

冲液，加硫柳汞，使终浓度为0.01%。煮沸熔化。

2. 抗人IgG、抗人IgA、抗人IgM抗体以及IgG、IgA、IgM标准品，可购自生物制品所。按标定效价使用。

【操作步骤】

1. 浇注琼脂板：取12ml 2.4%琼脂，加热熔化，然后56℃保温。用12ml生理盐水冲洗稀释抗体，56℃保温。把56℃保温的稀释抗体和56℃保温的琼脂充分混合，迅速浇注玻片。可浇注琼脂厚度为1.6mm，面积为6cm × 12cm的玻璃板。

2. 待琼脂凝固后，打孔，孔直径为3mm，挑去孔内琼脂。

3. 用生理盐水稀释标准Ig成不同梯度，IgG或IgA：20、40、60、80、100mg/dl; IgM：10、30、50、70、90mg/dl。每孔加10μl，每一稀释浓度做3～5复孔。

4. 待测标本可适当稀释，加入到琼脂孔内，每孔10μL。

5. 加样后的琼脂置湿盒内，37℃反应24h（IgG、IgA）～48h（IgM），然后测定沉淀环直径。

【结果判断】

取标准品直径平均值，作回归直线。根据待测样本所形成的沉淀环直径，查标准曲线即可得相应Ig含量。可以g/l或mg/dl报告结果，也可以国际单位报告结果。两者换算为：1 IU IgG=80.4μg；1IU IgM=8.47μg，正常参考值见表11-2。

表11-2　正常人不同体液中Ig含量参考值（mg/dl，$\bar{x}\pm SD$）

体液	IgG	IgA	IgM	体液	IgG	IgA	IgM
血清	1287±135	235±34	108±24	泪液	1.55±1.32	20.10±14.65	1.64±1.82
唾液	4.37±2.89	78.7±66.5	1.2±0.72	尿液	27±20	12±12	36±49

【注意事项】

1. 浇板时，温度应严格控制在56℃，以防抗体失活。

2. 当沉淀环为椭圆形时，应分别测量长径和横径，然后取其平均值。

3. 单相琼脂扩散的灵敏度在μg水平，检测低于μg水平的标本应改用ELISA等灵敏度高的方法。

4. 尽管种系间Ig抗原性有交叉，但实验时必须用同种抗原作标准品，以免实验误差。

（三）ELISA法检测血液中IgD和IgE含量

【实验原理】

血液中的IgD和IgE含量较低，采用ELISA法可准确检测其含量。以抗IgD或IgE抗体包被固相载体，加入标本，使标本内的IgD或IgE与包被抗体结合，再加入酶标抗IgD或IgE抗体，酶底物显色深浅与标本中的抗原量成正比。

【主要试剂与器材】

1. 羊抗人IgD和IgE抗体。

2. 经45%饱和硫酸铵盐析，SPA亲和层析纯化提取的IgG组分。

3. HRP标记的羊抗人IgD和IgE抗体，经方阵滴定法测定最适浓度。

4. ELISA常规试剂（见ELISA技术章节）

【操作步骤】

1. 将羊抗人IgD抗体或IgE抗体用包被液稀释成10μg/ml，加入酶标微孔内，每孔100μl，4℃过夜，次日用洗涤液洗三次，每次3min。每孔加1%BSA–PBS 200μl，封闭2h。

2. 用稀释液倍比稀释标准品，IgD浓度为：2.5～0.02IU/ml；IgE浓度为200～3.13IU/ml，加入酶标孔内，每孔100μl，设双复孔。

3. 加检测样品，血清样品作1∶100稀释后加至酶标板孔内，每孔100μl，设双复孔。同时设空白对照。

4. 37℃孵育1.5h，同上洗三次。

5. 加HRP标记的羊抗人IgD或IgE抗体，每孔100μl，47℃孵育1h，同上洗三次。

6. 每孔加底物溶液，每孔100μl，37℃避光显色20min，加2mol/L硫酸，每孔50μl，终止反应酶测定仪上读取A492值。

【结果判断】

根据标准曲线，计算标本IgD或IgE含量，再乘以稀释倍数。结果也可用μg/ml表示，1IU=1.41μg；1IgE IU=2.4ng。

【注意事项】

1. 加样要准确，清洗要彻底。

2. 当沉淀环为椭圆形时，应分别测量长径和横径，然后取其平均值。

第三节　补体检测技术

补体（Complement，C）是指存在于人或动物正常血液或组织液中的一组活化后具有酶活性的蛋白质。补体在机体的免疫系统中发挥抗感染和免疫调节机能，并参与免疫病理反应。补体是抗体发挥溶细胞作用的必要补充条件，故称为补体。

补体测定方法分两类：一类是免疫溶血法，根据补体能使抗羊红细胞抗体（溶血素）致敏的羊红细胞发生溶血所建立的总补体活性的检测方法；另一类是免疫化学法，根据抗补体某一成分的抗体能与相应补体成分结合，可以根据结合量反映补体量，检测方法包括免疫扩散法、免疫浊度法和ELISA等方法。

一、补体活性测定（补体50%溶血试验）

【实验原理】

溶血素与羊红细胞结合，当有补体存在时，可发生红细胞溶血，通过比色测定红细胞释放的血红蛋白，可知总补体活性。以溶血百分率为纵坐标，相应血清量为横坐标，可得到呈“S”形曲线，此曲线在50%溶血处最敏感，故以50%溶血作为溶血中点并称为补体50%溶血试验，即CH50（50%Complement Hemolysis）。

【主要试剂与器材】

1. 2%绵羊红细胞。
2. 溶血素。
3. 巴比妥钠缓冲盐水。

【操作步骤】

1. 致敏红细胞的制备：取2个单位的溶血素与2%绵羊红细胞（1×10^9/ml）悬液等量混合，置37℃水浴30min，其间摇动3次。致敏后用巴比妥钠缓冲液洗涤3次，调配成1%浓度（5×10^8/ml）。

2. 制备100%溶血管，然后对倍稀释成50%溶血标准管。

3. 按表11-3加入各试剂，然后37℃水浴30min，2000rpm离心10min；再与50%溶血标准管比较，计算总补体活性。

表11-3　补体CH50单位测定

管号	1:20血清样本（ml）	巴比妥钠缓冲盐水（ml）	致敏RBC（ml）	
1	0.10	1.40	1.0	
2	0.15	1.35	1.0	
3	0.20	1.30	1.0	
4	0.25	1.25	1.0	37℃水浴
5	0.30	1.20	1.0	30min
6	0.35	1.15	1.0	
7	0.40	1.10	1.0	
8	0.45	1.05	1.0	

【结果判断】

在光度计上读取A_{541}nm值，以与50%溶血标准管最接近一管的样本加入量，按公式计算：

CH50=稀释倍数/血清用量

正常参考值为30～50CH 50U/ml。

二、微量免疫比浊法测定补体单个成分

【实验原理】

被测血清中的补体成分（C1q、C3、C4、B因子等）与抗补体成分抗体反应，形成免疫复合物，后者在含PEG等亲水剂的液相中析出，出现浊度，经比浊计或分光光度计测定透光率或吸光率，复合物或补体成分的含量与透光率成反比，与吸光率成正比。

【主要试剂与器材】

1. 抗血清：可自制，也可购自生物制品所，要求同Ig测定。
2. 标准补体成分：采用经国际标准品标定的补体成分标准品。
3. 稀释缓冲液：应采用各仪器推荐的测定缓冲液。以下配方可供选用：

PEG（MW=6000）	40.0 g
NaF	10.0 g
$Na_2HPO_4 \cdot 12H_2O$	101.5 g

$NaH_2PO_4 \cdot 2H_2O$	10 g
NaN_3	1.0g
DW	1000ml

G6号滤器过滤，4℃保存

【操作步骤】

1. 以稀释缓冲液将抗血清稀释到最适工作浓度，加到反应板微孔内。每孔156μl。

2. 取待测血浆或血清标本4μl，加到已加有抗血清的微孔内。

3. 以稀释抗血清160μl作空白对照。

4. 混匀器上震荡1min，37℃水浴30min，以比浊计或分光光度计测定A_{492}值。

5. 将同上稀释的抗血清分别吸取158、156、154、152、150μl，分别加在微孔内，再将标准品2、4、6、8、10μl加在对应孔内，使总量为160μl。混匀器上震荡1min。37℃水浴30min，以分光光度计测定A_{492}值。

【结果判断】

标本吸光值为测定管读数减空白对照管读数，以吸光值为纵坐标，Ig含量为横坐标，作标准曲线，对照标准曲线可得相应结果。正常人参考值见表11-4。

表11-4　正常人血清中补体含量

补体成分	分子质量（KDa）	电泳位置	血清含量（μg/ml）	补体成分	分子质量（KDa）	电泳位置	血清含量（μg/ml）
Clq	390	γ_2	70～180	C3	190	β_1	1200～1600
Clr	85	β	35～110	C1INH	105	α	180
Cls	85	α	35～110	I	90	β	50
C4	180	β_2	400～640	H	150	β_1	400
C2	117	β_1	25～30	MCP	45～70		

【注意事项】

1. 血清样品应新鲜，无黄疸，无溶血，无细菌感染并避免高血脂血。

2. 每次实验均需作标准曲线。

三、放射免疫法测定C3a

【实验原理】

用^{125}I-C3与待测样品、兔抗人C3a抗体一起孵育，待测样品中的C3a能竞争性地与C3a抗体结合，样品中C3a越多，C3a与抗体形成复合物（B）越多，^{125}I-C3与抗体结合越少。根据B%可判断样品中C3a的浓度。C3a为过敏毒素和趋化因子，参与机体的炎症和过敏反应。通常C3a很快可被血清羧肽酶N裂解。检测C3a浓度可反映C3活化程度以及与过敏反应关系。

【主要试剂与器材】

1. ^{125}I-C3；抗人C3a抗体。

2. C3a标准品。

3. 活化的Sepharose4B等。

【操作步骤】

1. 样品采集：取EDTA抗凝血，2000rpm离心10min。取血浆备测，或放-70℃待测。

2. 标记免疫复合物制备：取1g活化Sepharose4B与抗C3抗血清偶联，然后加入^{125}I-C3(1500cpm，加50μl)，室温反应16h，次日用生理盐水洗4次，测定B%并调节至B%=50%。

3. 标准曲线制作：取新鲜血清加NaN_3，终浓度为0.02%（W/V），37℃放置7d，即可作为C3a标准品（Normal Serum Aged，NSA）。NSA中C3a浓度为60μg/ml。对NSA作10倍递增稀释，通常50μl的1：10000稀释的NSA就能抑制^{125}I-C3与抗体结合。以B%为纵坐标，标准品浓度为横坐标，制作标准曲线。

4. C3a的测定

（1）血浆标本与等体积的含22%（W/V）PEG的pH 8.3，0.1mol/L硼酸盐缓冲液混合，4℃放置60min，2000rpm离心30min，取上清。

（2）取50%结合率的^{125}I-C3抗体结合物0.5ml，加50μl PEG处理的血浆标本和50μl ^{125}I-C3，混匀，室温反应16h。

（3）用生理盐水洗4次，计算Sepharose4B的放射性。

【结果判断】

C3a正常参考值为1.55 ± 0.87mol/L(X ± SD)

四、ELISA法测定补体调节成分

【实验原理】

以抗补体成分单抗标被酶标板，然后加入待检标本及标准品，加入生物素标记的抗补体成分抗体和抗生物素标记的HRP，酶底物显色强弱与补体成分量呈正比。

C1抑制物（C1 inhibitor,C1 INH）的调节方式是与C1r或C1s结合，导致其失活。C1 INH还可抑制凝血因子XIIa、XIa，激肽释放酶和纤溶酶，对凝血、激肽和纤溶系统具有负调节作用。MCP（CD46）为膜调节蛋白，主要存在于除RBC以外的所有细胞，上皮细胞和内皮细胞上。其与C3b或C4b结合而促进I因子对C3b和C4b的裂解与灭活，发挥抑制补体活性效应。H因子能将已同C3b结合的Bf或Bb从C3转化酶中解离出来，使之失去活性，从而阻止旁路途径的活化。此外，H因子能与C反应蛋白结合，有助于调节补体的活化，起到抗感染作用。

【主要试剂与器材】

1. 抗补体成分抗体。

2. 补体成分标准品。

3. 生物素标记的抗补体成分抗体。

4. 亲和素-生物素标记的HRP复合物。

5. OPD片剂。

6. 可调移液器；酶标板；比色计等。

【操作步骤】

1. 抗体包被：以CB稀释抗补体成分单抗成1~10μg/ml，加入到酶标板微孔内，每孔100μl，20℃包被16~24h，次日洗板3次，加1%BSA-PBS封闭2h，再洗板3次。

2. 标准曲线制作：标准品用样品稀释液作25、100、400、1600、6400ng/ml梯度稀释。加入到微孔内，每孔100μl，设双复孔。

3. 标本检测：实验孔加血浆或血清标本，每孔100μl，同时设阴性对照，37℃孵育2h，洗板3次；加生物素标记的抗补体成分抗体，每孔100μl，37℃孵育1h，洗板3次；加亲和素-生物素标记的HRP复合物，每孔100μl，37℃孵育30min，洗板3次；加OPD底物显色20min，读取A_{492}值。

【结果判断】

通过标准曲线，确定标本中补体调节成分含量。正常参考值见表11-5。

【注意事项】

1. 鱼类补体活化的最适温度为20℃~25℃，哺乳类动物为37℃；鱼类补体灭活温度为40℃~50℃，哺乳类动物补体经典途径灭活温度为56℃，旁途径为50℃。

2. 补体效应为非特异性的，但具有一定的种属限制。补体对同种靶细胞的溶细胞效应较弱。这种同源限制性作用主要取决于表达在细胞表面的膜调节蛋白，包括DAF、MCP、CR1和D59等。血细胞、血管内皮细胞、上皮细胞以及精子、滋养层细胞等均富含膜调节蛋白，起到抑制补体对自身的攻击。

3. C4、C2及B因子也可用溶血活性测定法，通过制备缺乏某一待测成分的血清，然后加入待测血清，观察溶血活性。R4、R2和RB血清的制备方法如下：

（1）R4血清制备：R4血清即缺乏C4的血清。取正常豚鼠血清1ml，加0.16mol/L水合肼0.1ml或0.15mol/L的氨水0.25ml，37℃孵育1h，然后用1mol/L HCL调至7.2，备用。

（2）R2血清制备：R2血清即缺乏C2的血清。取3份以上正常人血清混合，1:100稀释，即可作为无C2血清。

（3）RB血清制备：RB血清即缺乏B因子的血清。取3份以上正常人血清混合，56℃水浴加热15min，即成灭活B因子的血清。

第四节　细胞因子检测技术

细胞因子的检测方法有三大类，生物活性检测法、免疫学检测法与分子生物学检测法。

一、细胞因子的生物活性检测

细胞因子生物活性检测法是基于细胞因子的生物学效应，包括促进或抑制细胞生长作用、细胞毒作用、抗病毒作用以及细胞因子间的诱导作用等设计而成的一种细胞因子检测方法。

（一）细胞因子调节细胞生长活性检测法(IL-2检测)

【实验原理】

将不同稀释度的待测样品及标准品与细胞株共同培养一定时间，然后检测增殖的细胞数。如待检的细胞因子具有促细胞生长作用，则增殖的细胞数与细胞因子含量成正比，如待检的细胞因子具有抑制细胞生长作用，则增殖的细胞数与细胞因子含量成反比。检测细胞数的最常用的方法有^{3}H脱氧胸苷摄入法和MTT法，前者反映细胞的DNA合成，敏感性高、重复性好，结果稳定，但需要注意放射性污染。后者是检测线粒体内脱氢酶，反应细胞能量代谢，其敏感度及信号/本底比接近^{3}H脱氧胸苷摄入法，在细胞处在维持存活状态时本法更显优势。

【主要试剂与器材】

1. CTLL-2细胞株。

2. 细胞因子标准品。

3. 细胞培养试剂：RPMI-1640、胎牛血清（FCS）、庆大霉素等。

4. ^{3}H脱氧胸苷及其检测试剂等。

【操作步骤】

^{3}H脱氧胸苷摄入法

1. 用RPMI-1640培养液洗涤对数生长期的CTLL-2细胞2次，每次250g离心10min。

2. 用1%锥蓝染色细胞，活细胞数应多于90%，用含10%FCS的RPMI-1640培养液调节细胞至1×10^5/ml。

3. 取96孔细胞培养板，每孔加100μl标准IL-2或待测标本，三复孔，每孔加100μlCTLL-2细胞。标准IL-2浓度为0.019~40U/ml，设阴性对照孔。

4. 37℃, 5%CO_2培养箱培养18~24h，每孔加10μl（0.5μCi或1.85×104Bq）^{3}H脱氧胸苷，继续培养4h。

5. 收集培养细胞，测定cpm值。

【结果判断】

以标准品浓度为横坐标，cpm值为纵坐标作图，计算样品中IL-2含量。

（二）细胞因子介导细胞毒活性测定法（TNF-α检测）

【实验原理】

细胞因子介导细胞毒活性包括细胞因子直接溶细胞作用和细胞因子诱导杀伤细胞引起的细胞毒效应。许多细胞因子都有溶细胞或抑制细胞生长的作用，这种活性主要是针对转化细胞、病毒感染细胞和有代谢异常的细胞。将梯度稀释的细胞因子与对数生长期靶细胞共同培养，然后检测存活细胞数，即可知道样品中相应细胞因子的含量。检测活细胞数的方法可用^{3}H脱氧胸苷摄入法和MTT法。以下介绍MTT法。

【主要试剂与器材】

1. L929细胞株。
2. 细胞因子标准品。
3. 细胞培养试剂。
4. MTT检测试剂等。

【操作步骤】

1. 取96孔细胞培养板，每孔加靶细胞100μl（L929细胞，5×10^4），37℃，5%CO_2培养箱培养2~3h，使细胞贴壁。

2. RPMI-1640培养液稀释标准TNF-α，每孔加100μl标准IL-2，待检标本按情况作2~5倍稀释，每孔加100μl，待检标本与标准品均做双复孔。37℃，5%CO_2培养箱培养24~48h。

3. 吸去培养液，用PBS洗1次（悬浮细胞应采用离心洗涤）。

4. 每孔加100μl PBS和10μl MTT染液（用PBS溶解MTT成5mg/ml，过滤除菌，避光保存），37℃，5%CO_2培养箱培养4~6h。

5. 每孔加100μl含10%SDS的10mmol/L HCL，置振荡器上震荡混匀。酶联仪上读取A_{620}值。

【结果判断】

以标准品浓度为横坐标，A_{620}值为纵坐标作图，计算样品中TNF-α含量。

（三）细胞因子抗病毒活性检测法（IFN-β检测）

【实验原理】

IFN-β具有抗病毒活性。用IFN-β处理易感细胞，使细胞处于抗病毒状态，然后用适量的病毒攻击细胞，观察病毒引起的细胞病变程度即可判断样品中IFN-β的生物活性。本方法又称为细胞病变抑制法（Cytopathic Effect Inhibition, CPEI），以能抑制50%细胞病变的IFN-β稀释度作为1个单位。检测人IFN-β，使用WISH靶细胞，检测小鼠IFN-β，使用L929靶细胞，检测大鼠IFN-β，使用Ratec靶细胞。常用的病毒为滤泡口炎病毒（VSV）。

【主要试剂与器材】

1. WISH细胞株。
2. VSV。
3. IFN-β标准品。
4. 细胞培养试剂。
5. 检测试剂等。

【操作步骤】

1. 取对数生长期的WISH细胞悬液接种于96孔细胞培养板，每孔加200μl，细胞浓度为$1\times10^5\sim5\times10^5$/ml。37℃, 5%$CO_2$培养箱中培养16~24h至细胞在孔内80%汇合。

2. 吸去细胞孔内培养液，加入用培养液稀释的待检样品和细胞因子标准品，每孔200μl，双复孔。空白对照4复孔，只加培养液，37℃, 5%CO_2培养箱中培养24h，使细胞处于抗病毒状态。

3. 每孔加25μl用培养液稀释的病毒液（VSV，4×10^4蚀斑形成单位），其中2孔空白对照加病毒液，2孔空白对照不加病毒液。37℃, 5%CO_2培养箱中培养24~48h。

4. 显微镜镜检观察加病毒液的空白对照孔细胞，当产生90%以上病变后，吸去上清液，用PBS洗1次，然后每孔加100μl甲基紫溶液（含0.5%甲基紫，0.9%NaCl, 2%甲醛，50%乙醇）室温中振摇5~10min，吸去染液，用自来水缓慢冲洗培养液，洗去染料，再用蒸馏水洗1次，晾干。每孔加100μl脱色液（0.5mol/L Nacl,50%乙醇），室温脱色2h，在比色计上读取A_{570}值。

【结果判断】

实验结果通过标准品的标准曲线得知。标准曲线以A_{570}值为纵坐标，标准品浓度（活性单位）为横坐标绘制而成。

$$\text{IFN国际单位（U/ml）}=\frac{\text{样品CPE150的稀释度}\times\text{标准品的单位}}{\text{标准品CPE150的稀释度}}$$

二、细胞因子的免疫学检测

免疫学检测法包括ELISA法和放射性核素法，目前应用最多的是ELISA方法，其对检测分泌入体液中的细胞因子含量，具有简单、快速、灵敏度高、重读性好等优点。但是，这种针对抗原性的检测手段，可能包含细胞因子中的无活性片段或者是裂解片段，并且难以区分是单体和聚合体与活性的关系，以及检测试剂中单体的特异性差异，以致至今尚无供认的细胞因子正常值。下面主要介绍ABC-ELISA 夹心法检测细胞因子的方法。

【实验原理】

以抗细胞因子单抗包被酶联板，与标本中相应的细胞因子特异性反应，然后加入生物抗生素抗生物素放大的酶标抗细胞因子抗体，再经酶底物显色，颜色深浅表示细胞因子量的多少。

【主要试剂与器材】

1. 抗细胞因子单抗。
2. 生物素-抗细胞因子抗体。
3. 抗生素-酶。
4. 细胞因子标准品。
5. 底物（OPD或TMB）。
6. 终止液（2N硫酸）
7. 96微孔板。
8. 稀释液和洗液等。
9. 包被缓冲液（0.05mol/L, pH9.6的碳酸盐缓冲液）。
10. 酶标仪。

【操作步骤】

1. 用包被缓冲液稀释抗细胞因子单抗，浓度为10μl/ ml，包被96孔板，每孔加100μl，4℃包被过夜，次日用洗液洗包被板3次。

2. 每孔加1%BSA-PBS封闭液200μl，室温封闭2h，用洗液洗3次。

3. 标准曲线的建立：标准品用样品稀释液倍比稀释，范围为1000；500；250；125；62.5；31.25；15.6（pg/ml），每孔加100μl，每一稀释度须做双复孔。标准品通常储存在-30℃或冷冻干燥后4℃保存，溶解后须一次用完。

4. 检测标本可作适当稀释，每孔加入100μl，每一样本建议做双复孔。同时设正常对照和空白对照。

5. 37℃孵育1h或室温孵育2h，然后洗板3~5次。

6. 每孔加生物素-抗细胞因子抗体100μl，37℃孵育1h或室温孵育2h，然后洗板3~5次。

7. 每孔加抗生物素-酶100μl，37℃孵育30min，然后洗板3~5次。

8. 每孔加底物100μl，37℃避光孵育20min。

9. 每孔加终止液50μl，酶标仪读取A_{492}值（OPD）或A_{450}（TMB）。

【结果判断】

根据标准曲线，求样本中细胞因子含量。

【注意事项】

1. 标本的采取与保存：

（1）血清样本应避免严重溶血，否则可能会增加非特异性显色。

（2）血清应避免细菌污染，否则会因菌体中的内源性HRP而产生假阳性反应。

（3）血清如浑浊或沉淀应离心沉淀后取上清检测。

（4）标本宜在新鲜时检测。若5d内检测，可使用冰箱2℃~8℃保存，超过一周时间测定，应于-20℃低温冻存。样本的长时间保存应在-70℃以下。

2. 试剂准备：从冰箱中取出的试剂，等待温度与室温平衡后再使用。否则可能会造成后面温育时间不够，其直接的后果是一些弱阳性标本出现假阴性。

3. 加样及反应试剂：加样不可太快，要避免加在孔壁上部，不可溅出和产生气泡。

4. 孵育：孵育是ELISA测定中影响测定成败最为关键的一个因素。常用的孵育温度和时间有37℃1~2h和4℃过夜。较高的孵育温度下，反应时间可缩短，但对分子含量少的弱阳性标本有漏检的可能。因此，建议ELISA检测时尽量使用较低温度孵育较长时间。如果需要使用较高孵育温度，尽量采用水浴，孵育时让酶标板浮于水面上，或将浸透水的纱布置于饭盒中使成湿盒，放于温箱中。

5. 洗板：每次孵育后洗板是否彻底，与特异背景显色有很大关系，因此洗板一定要认真仔细。

6. 显色：加入底物A液和B液前应分别混匀，弃去第一滴，加入后应振荡混匀。

（1）显色剂尽量在临用前配制，坚持不用过期显色剂。

（2）加显色剂时应避免其外流。

（3）A、B液应避免接触金属器械。

（4）在加入底物开始显色反应前，最好是先检查一下底物溶液的有效性，即可将A和B两种液各加一滴于清洁的空板孔或Eppendorf管中，观察是否有显色反应，如有，则说明底物已变质。

7. 读板：

（1）读板时应保证酶标板清洁。

（2）读板时，一定要注意酶标板是否已调至合适波长。

（3）如有条件，建议尽量采用双波长比色，这样可排除由酶标板本身、板孔内标本的非特异吸收、指纹、刮痕、灰尘等对特异显色测定吸光度的影响。

参考文献

[1] 葛海良，张冬青. 免疫学技术[M]. 北京：科学出版社，2009.

[2] 马兴铭，丁剑冰. 医学免疫学[M]. 北京：清华大学出版社，2013.